今すぐ知りたい DX の基礎

Digital Transformation

日経クロステック編集、中村建助 編著

日経BP

はじめに

「我が社もDXが必要だ」

「DXしなければ生き残っていけない」

「DX銘柄の決算が好調で株価が上がっている」

最近、DXという言葉をよく聞きます。しかもネットのニュースや新聞、テレビ、本で目にするだけでなく、会社の社長、部長といった経営層や幹部がDXという言葉を使い始めています。


一体、DXとは何なのでしょうか。

スマートフォンやアプリ、インターネットといった技術、あるいは企業の成長や利益といったことが関係しているようですが、別にスマホを使ったから、お金が儲かったからといってDXにはならないでしょう。であれば世の中はDXだらけになります。改めて話題にする必要はないはずです。

DXは「デジタルトランスフォーメーション」を略した言葉ですが、カタカナにしたからといっても意味が伝わってきません。デジタルでトランスフォーメーションすると言われても分からないのが自然です。

ひょっとしたらよく口にしている人たちも、流行しているからという理由だけで、きちんと分かっていないのに使っているのかもしれません。「知ったかぶり」しているわけです。

実は日本企業のDXへの取り組みはまだまだです。第1章で紹介しますが、日本企業の9割以上が全社としては取り組めていません。

あちこちで先行的な動きが出ているのも事実ですが、まだ少数派です。おそらく多くの企業では、経営トップを含めてDXが何かについて、まだ理解できていないのではないでしょうか。

DXには大きな可能性があります。最終的には社会を一変させるでしょう。きちんと理解できているかどうかが、私たちのこれからの仕事や社会に大きな影響を与えます。そしてこの本は、皆さんのためにDX、デジタルトランスフォーメーションについて基礎から説明する本です。

第1章では、定義からスタートして、そもそもDXとは何なのかを説明します。ホップ、ステップ、ジャンプではありませんが、「デジタイゼーション」「デジタライゼーション」の2段階を経て、DXに到達するといわれます。この辺りも整理してお伝えします。

第2章では、DXで何が起こっているのかを解説します。DXの最先端ともいえる米国の大手IT企業からスタートして、我々の身近で起こっているDXまで取り上げます。

DXのD、つまりデジタルの部分には、技術やデータが不可欠です。第3章では、DXの実現に欠かせない技術を解説します。具体的にはAI（人工知能）、IoT（インターネット・オブ・シングス）、クラウドの三つです。

いずれも一度は耳にされているかもしれませんが、DXとの関係を含めて何を実現する技術なのかを解説します。DXが分かりにくい要因の一つに技術が難しそうだからというものがありますが、ここを読めば、何どういった技術なのかが分かるはずです。

第4章では、誰がどうDXを進めるべきなのかについて記します。これまでの人材や組織のままでDXを実現するのは簡単ではありません。

求められる人材と組織、導入の方法論をまとめました。特に人材の確保は重要です。CDO（最高デジタル責任者）と呼ばれる指揮官を置く企業も出ています。

第5章では、DXがいつから始まったのかという歴史を振り返ります。電算化、情報化、

ＩＴ化からＤＸに至る時代の流れを知ることで、より深くＤＸを理解できるようになります。始まりは１９５０年代です。１９６４年の東京オリンピック大会にも大きな意味がありました。

第６章では、改めてＤＸで重要なのは何なのかを示します。自社の利害にとらわれず大きなミッション（使命）を掲げること、後顧の憂いなくＤＸを進めるために、サイバーセキュリティーで守りを固めること、すぐに成果が出なくてもとにかく歩みを止めずに前進することを挙げています。

ご存知のことも多いと思われるかもしれませんが、最後までこの本を読めば、わかるようで分からないＤＸという言葉をしっかりと理解できるようになるはずです。分かったような顔をしてＤＸを使っているあの人が、あなたを見る目も変わってくるでしょう。ＤＸを理解して、仕事や人生をより実りのあるものにしていきましょう。

今すぐ知りたいDXの基礎　目次

第6章

DXに重要なのは何か

第1章

DXとは何か

デジタルで変革して圧倒的な差を付ける

そもそもDXとは何でしょうか。「はじめに」でも触れましたが、デジタルトランスフォーメーションの略になります。英語にすれば「Digital Transformation」です。略せばDTになると思われるかもしれませんが、英語ではトランスフォーメーションを省略する際、TではなくXをよく使います。だからDTではなくDXなのです。決してデラックスの略ではありません。

トランスフォーメーションの手段がデジタル

DXはデジタルトランスフォーメーションですから、デジタルとトランスフォーメーションを合わせた言葉になります。

デジタルは少し前から使われているITという言葉とあまり違いはないと考えてくだ

DXとは

さい。インターネットテクノロジー、インターネット技術の略と思われている方がいらっしゃいますが、ITはインフォメーションテクノロジーの略です。

日本語にすると情報技術になります。ITは、スマホやパソコン、企業用の大型コンピューター、ソフトウエアのプログラムを使って、さまざまなデータを入力したり、分析したり、加工したり、操作したりして、いろいろなことを可能にするものです。

トランスフォーメーションは、日本語でいうと「変革」になります。ただ変わるのではなく、目的を持ってその姿に自らを変えていくといったくらいの意味です。

ＤＸはデジタルを使って変革するという意味なのです。ＤＸの意味で、デジタル変革という言葉が使われることもあります。

こう聞いてもしっくりこないのは、あまりに単純すぎて、誰が、何を、何のために変革するかが説明されていないからでしょう。

初登場は2004年

２００４年、世界で初めてＤＸを提唱したのはスウェーデンのウメオ大学のエリック・ストルターマン教授らだと言われています。同教授はＤＸについて「ＩＴの浸透が、人々の生活をあらゆる面でより良い方向に変化させる」と理解されるものだとしています。

これだけだとまだ単純すぎます。それに現在の使われ方は少し違うものです。

日本では、２０１８年に経済産業省が発表した「ＤＸレポート～ＩＴシステム『２０２５年の崖』克服とＤＸの本格的な展開～」という文書が、ビジネスパーソンの間でＤＸという言葉を広めました。ＤＸレポートで、経産省はＩＴ専門調査会社のＩＤＣ Ｊａｐａｎ

によるDXの定義を紹介しています。以下に引用します。

「企業が外部エコシステム（顧客、市場）の破壊的な変化に対応しつつ、内部エコシステム（組織、文化、従業員）の変革を牽引しながら、第3のプラットフォーム（クラウド、モビリティ、ビッグデータ／アナリティクス、ソーシャル技術）を利用して、新しい製品やサービス、新しいビジネス・モデルを通して、ネットとリアルの両面での顧客エクスペリエンスの変革を図ることで価値を創出し、競争上の優位性を確立すること」。

いかがでしょうか。英語の直訳やストルターマン教授の定義よりは詳しくはなりましたが、どこか分かりにくいのではないでしょうか。エコシステムをはじめとして、あまり聞きなれないカタカナが多いせいかもしれません。

圧倒的な競争力を身に付けるのがDX

原点に戻ってみます。DXを日本語訳すると「デジタルを使って変革する」になります。

本書でのDXの定義

**デジタルを使って自らを変革し、
圧倒的な競争力を身に付けること**

これだけだと少しシンプルすぎますので、この本ではＤＸを「デジタルを使って自らを変革し、圧倒的な競争力を身に付けること」と定義します。

「自ら」が指すのは、企業であることが多いでしょうが、企業以外の団体や組織も対象になります。自分を変えるためのＤＸも存在します。

圧倒的な競争力を身に付けるというのは自らの能力を高めることです。企業であれば、自らの能力を稼ぐ力と言い換えられるでしょう。売り上げを急成長させる新ビジネスや新サービスの実現、あるいは業務効率の改善による利益率の大幅な向上などが、求められ

DXは終わりのない活動

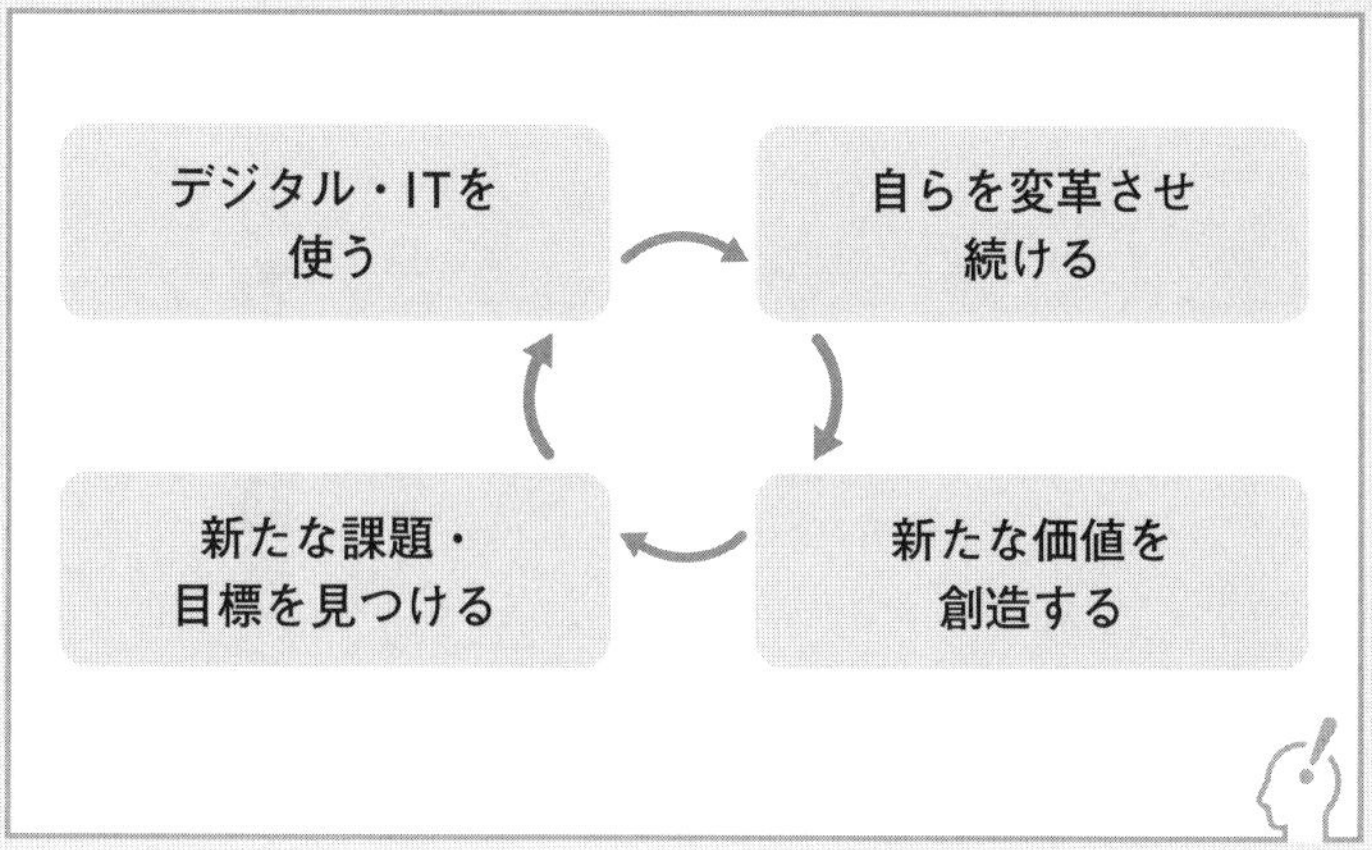

るものになります。

それぞれの組織によって、置かれた状況や能力が違いますから、具体的にＤＸで目指すものは異なってきます。政府や自治体であれば、業務効率の改善には意味がありますが、売上増ではなく、国民や住民の幸福度を上げることが目的になるでしょう。

ＤＸはやって終わりという活動ではありません。デジタルを用いて自らを変革させ続けて新たな価値を創造し、そこから新たな課題・目標を見つけ、課題と目標が見つかればデジタルを用いてこの課題や目標に沿って自らを変革させ続ける、というループを繰り返します。

スマホの普及が前提条件

もう一つ、DXが実現する社会の前提条件を付け加えます。

それは「非常に高機能なデバイスが広く普及し、高度な技術が日常的に使われる」というものです。社会にデジタルを受け入れる環境が整っていると言い換えることもできます。同時に実現する際には「IT、とりわけインターネットとソフト、データ、センサーの組み合わせで違いを生み出す」ことが重要だと指摘しておきます。

DXが実現する前提条件について説明します。もったいぶった書き方になりましたが、これは現在、我々が生きている世界そのものです。非常に高機能なデバイスというのはスマホのことです。タブレット端末や米アマゾン・ドット・コム、米グーグルなどが発売するAIスピーカーを含めてもいいでしょう。

総務省の「令和元年通信利用動向調査」によれば、2019年9月時点でスマホの個人保有割合は67・6%に達しています。日本だけで8000万人以上がスマホを日常的

DX実現の前提条件と実現手段

前提条件	実現手段
非常に高機能なデバイスが広く普及し、高度な技術が日常的に使われる	IT、とりわけインターネットとソフト、データ、センサーの組み合わせで違いを生み出す

に使っている計算で、ロック画面を解除する時には指紋認証や顔認証といった技術が当たり前のように使われています。

10年ほど前には、SF映画だけでしかお目にかからなかったような技術を誰もが普通に使うようになっているのです。これが可能なのは1台1台のスマホが非常に高機能なコンピューターとしての機能を備えているからです。

20年、30年も前であれば、スーパーコンピューターといわれたような処理性能のマシンが手の平に載っています。高いものは10万円を超しますが、手の出せない価格ではありません。1台で簡単に価格が数億円になるスーパーコンピューターとはまるで違います。

またスマホは手元のカメラやマイクなどで大量の情報を収集したり、インターネットを経由して大量のデータをやり取りしたりできます。その結果を画像と音声、あるいは振動でさまざまに表現できます。情報の入出力装置としてもすぐれています。

スマホが普及したからこそ、我々の手元でDXが実現できるのです。

ネット、ソフト、データ、センサーで実現

実現の手段について説明します。第3章で詳しく説明しますが、現在、我々がスマホで利用しているサービスやアプリの大半は、ネットの向こう側に大量のコンピューターと大量のデータを置いて、ソフトウエアで分析したり加工する「クラウド」を使って実現しています。

ソフトウエアと一言でいいましたが、種類はさまざまです。「AI（人工知能）」も、アルゴリズムと呼ばれるソフトウエアのプログラムが実体です。AIは、アルゴリズムに

よって、加工や分析に加え、これまでは人間でなければ不可能だった判断や予測を可能にしています。AIも第3章で解説します。

AIをはじめとしたソフトによる高度な分析に不可欠なのがデータです。デジタル化を進めることで多様なデータの収集が可能になります。

スマホからデータが収集できることは書きました。データの収集では、モノのインターネットを意味する「IoT（インターネット・オブ・シングス）」が大きな力を発揮します。モノであるセンサーで計測した情報をインターネット経由で集めるわけです。IoTであれば、わざわざ人間が入力する手間なしにデータを収集し、簡単にネットの向う側に送ることができます。

自分がどこにいるかを示す位置情報などはその典型といえるでしょう。他のセンサーと組み合わせればどのくらいの距離を移動したのかもわかります。最近では心拍数などの健康関連のデータを収集する機能を備えたApple Watch（アップルウオッチ）のような製品の利用も広がっています。

データの収集以外にもIoTによって、モノの遠隔操作や自律操作が可能になります。スマート家電などがそうです。第3章ではIoTも説明します。

スマホの普及で生まれた膨大なデータはもう一種類あります。TwitterやFacebookのようなSNS（ソーシャル・ネットワーキング・サービス）への書き込みです。

勘や経験に頼るのではなく、徹底的にデータを分析することで、どこに問題があるのか、どうすれば改善・解決できるのかを見つけ出していく考え方・手法を「データドリブン」と呼びます。IoTやSNSによって大量のデータが集まり、AIが実用化されることで、データドリブンが適用できる領域が一気に広がりました。

これからもネットとソフト、データ、センサーの組み合わせが、想像もしていなかった新たなビジネスやサービスを実現する原動力になるはずです。

さまざまな業種に存在するDXの必要性

DXとは何か、そしてDXの実現に必要な条件を示しました。これらを元にもう少し具体的なDXの取り組みを紹介します。

以下で、金融、製造、小売りという代表的な業種でのDXの取り組みを紹介します。こ

業種別DXにも注目が集まる

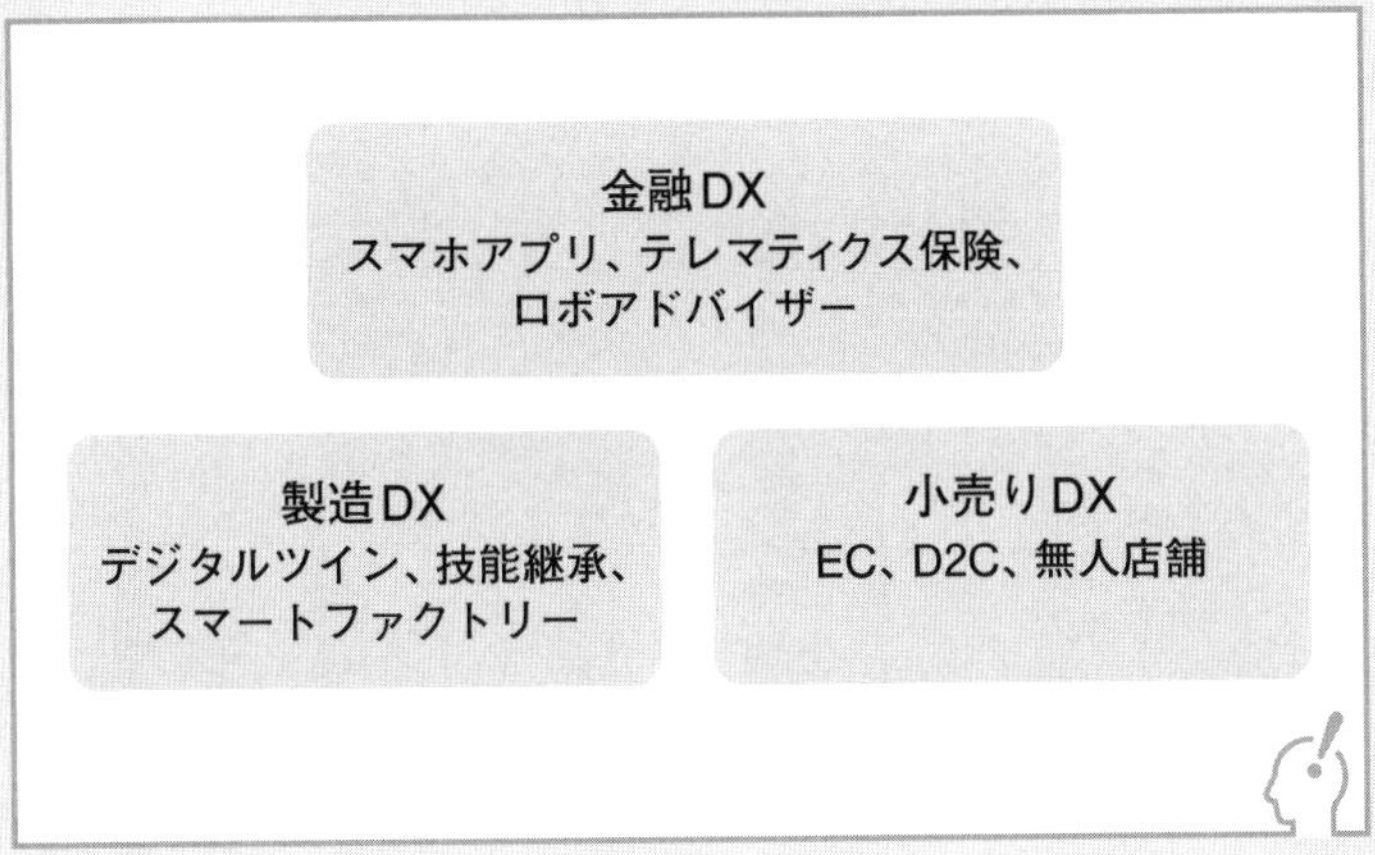

れでDXのイメージがつかみやすくなるはずです。

まずは金融のDXです。

金融業界では、革新的な技術を使うスタートアップ企業の登場と、人口減少や低金利などの影響で収益力の低下に直面する中で、生き残りの切り札としてDXへの関心が高まっています。

金融DXのベースになるのはスマホを使った金融サービスの提供です。スマホさえあれば利用できますから、これまでに接点のなかった新たな顧客の獲得が可能になります。

しかも店舗が必要ありません。利用者が増えるほど効率的になります。

スマホでの金融サービスに力を注ぐ大手金融機関として紹介したいのが、りそなホールディングスです。同行は、対面営業・店舗中心だった従来のビジネスモデルを脱し、新たな形で顧客とつながることを重視しており、そのための戦略ツールとして「りそなグループアプリ」を活用しています。グループアプリは2018年2月の提供開始から、継続的に改良を続けており、ダウンロード数は300万件を超えました。

すでにATMを抜き、顧客との最大の接点になっていますが、2022年度までに500万ダウンロードの達成を目標に掲げています。さらにりそなはグループアプリを軸に、デジタルチャネルはもちろん、店舗のあり方まで見直そうとしています。2020年11月には、顧客が自分自身で手続きを完結できるタブレット端末を置いた、普段は行員不在の新拠点をオープンしました。「セルフ端末」と呼ばれるタブレット端末はグループアプリをベースにしています。

スマホを用いた金融サービスは銀行のブランドにとどまりません。最近ではBaaS（バンキング・アズ・ア・サービス）という言葉がよく使われています。

API（アプリケーション・プログラミング・インタフェース）というソフトウエアの仕組みを使って、銀行が提供していた決済などの機能を、異業種企業のアプリやWebサイトなどから、サービスとして提供できるようにするものです。

損害保険の世界であれば、自動車に取り付けたセンサーで普段の運転ぶりを記録することで運転手を格付けして、保険料金を変えるテレマティクス保険が提供され始めました。IoTとAIによってこういった商品の開発が可能になったのです。

証券会社の世界では、ロボアドバイザーと言われる、AIを用いた資産運用のアドバイスが広がっています。人間しかできないと思われていたサービスを自動化することで、価格破壊の波を起こしつつあります。

金融業界では事務処理の効率化が長年求められてきました。AIで高機能化したOCR（光学式文字読み取り装置）や、ソフトウエアを使ってパソコンの一部操作を自動化して業務を効率化するRPA（ロボティック・プロセス・オートメーション）の導入をDXと呼ぶこともあります。

フィンテック企業との競合と共創

金融DXについて触れた冒頭部分で、革新的な技術を使うスタートアップ企業が登場し

フィンテックとは

**ファイナンスとテクノロジーを組み合わせた造語。
デジタルを大胆に使う
常識を覆した金融関連の新たなサービスや
これを使うビジネスモデルを指して使う**

たと書きました。２０１０年代に入って、デジタルを大胆に使うことで、従来の常識を覆す新たなサービスやビジネスモデルが次々に生まれたのです。

これを金融を意味するファイナンスと技術を意味するテクノロジーを組み合わせた「フィンテック」という造語で表現します。これらを使うスタートアップはフィンテック企業と呼ばれます。ＤＸのかたまりのような存在だといえるでしょう。

スマホを使ったキャッシュレス決済や送金、ビットコインが代表的ですが仮想通貨とも言われた暗号資産、ほかにもお金を貸したい個人と借りたい個人を直接結び付けるピアツーピアレンディングなどのオンライン融資、金融機関や株式市場からではなくネットを経由して資金を募るクラウドファンディング、ロボアドバイザーなどがその典型です。法規制の問題はありますが、いずれも既存の金融機関が果たしていた機能を、新たな価値とともに代替するもので多くの金融機関が強い脅威を感じました。

トラウマになっているのは、20年ほど前に生まれたネット証券会社です。格安の手数料を売り物にしたネット証券によって、証券会社の個人向けビジネスは大きな影響を受けました。

ＤＸは止められません。既存の金融機関がＤＸに取り組むのは、フィンテック企業との競合と共創による勝ち残りを意識しているからです。

ビットコインから生まれたブロックチェーン

金融ＤＸに関連して覚えてほしい言葉があります。「ブロックチェーン」です。

ブロックチェーンはビットコインの中核技術として登場したものです。

物理的な実体もなく、価値を保証する中央銀行や国家のような仕組みがないにもかかわらずブロックチェーンが価値のある通貨として流通しているのは、取引の記録が正確だと万人に信頼される仕組みがあるからで、それがブロックチェーンなのです。

少し難しいのですが、一言でいえば「データの改ざんを困難にした分散型の記録管理技術」です。具体的に説明します。

ブロックチェーンでは、管理する記録を小分けして「ブロック」と呼ぶデータに分け、順番に関連付けして鎖（チェーン）のように連なる構造を取ります。ブロックのチェーンだからブロックチェーンです。個別のブロックには暗号化が施してあります。

ブロックが連なる同一の記録データを、複数台のコンピュータで管理・保存し、異なるコンピューター同士が記録を比べた上でデータを更新します。何らかの手段で、1台のコンピューター上のブロックを改ざんしたとしても、他のコンピューターには正しい記録が残っています。コンピューター同士は多数決で正しい記録かどうかを判断するため、全体の50％以上のブロックを書き換えないと改ざんできない仕組みになっています。

ビットコインのように取引量が多い場合、50％以上のデータを書き換えるのはほぼ不可能です。

一歩進めると、ブロックチェーンを使えば、全体を管理する存在なしで改ざんできないデータを共有できるようになる可能性があるのです。インターネット並みの発明だと評価する見方もあります。少しずつ暗号資産以外の領域でブロックチェーンの採用が進み始めています。

モノづくりの現場を革新

次は製造業のＤＸ、製造ＤＸです。

製造業は長年、厳しいグローバル競争にさらされています。競争を勝ち抜くための手段としてＤＸに注目しています。

製造業ならではのＤＸとして注目が集まるのがモノづくりの現場である工場の生産性向上です。デジタルで進化した工場をスマートファクトリーと表現することもあります。

生産性向上の取り組み自体はずっと続けられてきました。製造ＤＸは、工場内で計測、収集しているデータをＡＩで分析して、生産設備の異常を知る故障検知、さらには実際に壊れる前にその兆候を発見する予防保全などが代表的なものです。ネットワークに接続できる高機能のセンサーが低価格化したことも動きに拍車をかけています。

デジタルツインとは

製品、工場の生産設備、置かれている周辺の環境などに関するデータを収集して仮想的に再現し、さまざまなシミュレーションを可能にする

こういった取り組みをさらに進めて実現するのがデジタルツインです。直訳すると「デジタルの双子」になります。

デジタルツインは、製品本体や工場の生産設備の稼働状況、置かれている周辺の環境に関するデータを収集し、コンピューター上で製品や設備を仮想的に再現。仮想的に作った双子の片割れを使って、さまざまなシミュレーションを可能にし、開発や保守メンテナンス作業を一気に効率化するものです。

デジタルツインを積極的に進めている企業が大手建機メーカーのコマツで

す。同社は顧客である建設業者が抱える人手不足の問題を解消させるために「スマートコンストラクション」と呼ばれるサービスを展開しています。

IoTをはじめとするデジタル技術を駆使して測量ドローンや半自動操縦の建機を開発。これらを使って建設現場や施工を3Dモデルとして把握します。このデータを基に施工シミュレーションを実施し工事トラブルを回避し、精度の高い進捗管理を実現することなどで作業効率を高めるのです。

取り組みが始まったのは2015年でした。累計で1万を超える現場への導入を経て、2020年4月から4種類のIoTデバイスと8種類のアプリケーションを用いる施工支援サービス「デジタルトランスフォーメーション・スマートコンストラクション」の本格的な国内展開を始めています。

熟練したベテランの技能をデジタルで計測して、若手社員に継承させる技術継承も製造DXの代表的な取り組みです。カギになるのは「ヘッドマウントディスプレイ」と呼ばれるゴーグルのようなハードです。

ベテラン社員にヘッドマウントディスプレイを身に付けてもらい、内蔵するカメラで視線の動きを計測して、何に注目すれば質の高い作業が可能になるのかを明らかにします。若手社員が身に付ける場合は、眼に見えている画像を離れた場所にいるベテランがモニターから確認できるようにして、次にどう動くべきなのかを指示して効率よく技能を高めるのです。

これらを可能にするのが、AR（拡張現実）や、バーチャルリアリティーともいわれるVR（仮想現実）です。ARは、現実世界の映像に数値なグラフなどさまざまな情報を重ねて表示する技術、VRは3次元コンピュータグラフィックス（CG）によって、現実のような世界を仮想的に作成して表示する技術です。

ARやVRは、ポケモンGOのようなゲームでの利用に注目が集まりがちですが、すでにビジネスの世界で活躍しています。

製造段階の上流と下流でもDXは進んでいます。開発の領域では、AIを使って、膨大な種類の原材料の組み合わせをシミュレーションし、新素材の完成までの期間を従来の数十分の一、数百分の一に短縮させるマテリアルズインフォマティクスがその代表です。

下流でいえば、完成後の商品をインターネットに接続しIoT化する動きが広がっています。稼働状況の監視、故障の予知から操作の自動化まで応用範囲はさまざまで、新たなサービス収入源にもなっています。

小売りDXはスマホ通販から始まる

小売り業のDX、小売りDXという言葉はそこまで使われていませんが、この分野でもDXは進んでいます。アマゾン・ドット・コムなどのEC事業者を含めた過当競争と人手不足とに悩んできた小売りの世界で、市場を勝ち抜くカギがDXになるからです。ベースになるのはスマホを中心としたEC（電子商取引）、ネット通販です。この分野の成長を抜きにして小売りのDXは語れません。

ECは専門業者のものではありません。実店舗とECなどの販売経路を統合し、シームレスな購買体験を提供するオムニチャネルという言葉が数年前から使われています。金融DXでも触れましたが、スマホを使った取り引きは顧客の場所を選びません。立地の前提件条がなくなり、極端な話、世界中が商圏になり得ます。

広さの決まった店舗で売るわけではありませんから、品ぞろえの制約からも解放されます。店舗の運営スタッフも不要になるのです。

販売時点だけではありません。スマホECでは、顧客とのやり取りが全てデータで記録されますから、店舗でのビジネスに比べて、データドリブンの取り組みが一気に拡大します。

売れ筋の製品が何で、どういった広告や販促キャンペーンが効果的なのかといったことが分析できます。会員登録などしていれば、顧客の属性との関係も分析できます。

どのようにアプリを操作して購買につながったのか、あるいはつながらなかったのかを記録していれば、これを分析し使い勝手の改善が可能です。

小売りでは顧客体験の向上が購買の拡大につながります。顧客体験を、カスタマーエクスペリエンスの頭文字を取ってCXといいます。データドリブンの取り組みは確実にCXを向上させます。

小売りのDXの最新トレンドとして取り上げられているのがD2Cです。ダイレクト・ツー・コンシューマーの略で「ディー・ツー・シー」と読みます。

ダイレクト・ツー・コンシューマーは日本語に訳すと消費者に直接届くです。D2Cはほぼこの意味で、メーカーなどが消費者に商品を直接届けるビジネス形態を指します。

D2Cとは

メーカーなどが消費者に
商品を直接届けるビジネス形態。
独自のEC サイトを軸に、
販売やマーケティングでデジタルを活用

「ユニクロ」を手掛けるファーストリテイリングが代表ですが、商品企画から製造、販売までを１社で手掛けるＳＰＡ（製造小売業）と呼ばれる小売りの業態は以前からありました。

Ｄ２Ｃは独自のＥＣサイトを主軸にビジネスを展開し、販売やマーケティングにデジタル技術を活用する点が特徴です。販売によって得た顧客の購買データを、商品開発や顧客とのコミュニケーションといった活動に生かすだけでなく、ＩｎｓｔａｇｒａｍやＦａｃｅｂｏｏｋなどのＳＮＳを活用して顧客と直接つながり、データを収集します。

店員なしで決済や在庫管理、調理、商品提供などができる無人店舗も増え始めました。スマホを使ったキャッシュレス決済、AIによる画像認識、ロボット技術などの普及により可能になったもので、DXの権化のような空間です。

省力化によるコスト削減や、オンラインサービスとの組み合わせによる顧客データの収集・分析、今までにない顧客体験の創出などが狙いになります。無人店舗の存在を広く世に知らしめたのは、アマゾンが2016年に米国本社内で運営を始めた小売店「Amazon Go（アマゾン・ゴー）」でした。

アマゾン・ゴーにはレジが存在しません。入店の確認や決算は専用のアプリで済ませ、商品陳列棚のセンサーや天井のカメラで客の動きやその客が手にした商品を把握します。レジに並ぶ必要はなく、欲しい商品をバッグに入れて持ち帰れば終わりです。

2020年3月には、山手線に新たに誕生した高輪ゲートウェイ駅構内に無人決済店舗の「TOUCH TO GO」がオープンしました。アマゾン・ゴーとは異なり、出口にある決済端末の前で電子マネーを使って決済します。

飲食店ではロボットが調理をしたり、ホテルやカラオケで機械が受付を担当したりするケースも増えています。無人店舗の実現には多様な技術が必要で、乗り越えるべき課題はありますが、人手不足の解消やネットとリアルの融合に向けた有効な手段であり、コロナ禍で関心の高まる非接触のニーズに対応できるものとしてさらに関心が高まっています。

DXは3ステップで進む

ＤＸの実現には、ホップ、ステップ、ジャンプのような３つのステップがあるといわれています。

ＤＸの世界ではこれをデジタイゼーション、デジタライゼーション、デジタルトランスフォーメーションの３段階で表現します。どれも似た言葉ですが意味は異なります。

２０１８年に「ＤＸレポート」を発行した経産省は２０２０年の年末に「ＤＸレポート２(中間取りまとめ)」と題した文書を発表しました。そこで記されている、デジタイゼーションとデジタライゼーション、ＤＸの関係を記した部分が分かりやすいので引用します。

この文書によれば、第一段階のホップに当たるデジタイゼーションは、アナログ・物データの単純なデジタルデータ化のことです。分かりやすいのは紙文書の電子化、デ化だといいます。

DXに至るデジタル化の3ステップ

ステップ3　DX
組織横断/全体の業務・製造プロセスのデジタル化、“顧客起点の価値創出”のための事業やビジネスモデルの変革

ステップ2　デジタライゼーション
個別の業務や業務プロセスのデジタル化

ステップ1　デジタイゼーション
アナログ・物理データの単純なデジタルデータ化

これだけでもメリットはあります。データ化すればどれだけ量が増えても保管場所に困らなくなりますし、簡単に検索できるようになります。大量の紙の文書から何がどこにあるかを探し出すのは簡単ではありません。専用スペースを準備して、保管する段階から五十音順に並べていくといった作業が必要になります。

ステップ2に当たるデジタライゼーションは個別の業務や業務プロセスのデジタル化です。紙文書をデータ化しただけでなく、メールや電子化したファイルの共有サービスでやり取りするようになるのがデジタライゼー

ションの段階です。

もしこれらのサービスを使わずにビジネスを進めようとすれば、いちいち書類を渡すしかありません。手渡しでは、日々の業務が成立しないという企業も多いでしょう。

そしてDX、デジタルトランスフォーメーションは組織横断／全体の業務・製造プロセスのデジタル化、〝顧客起点の価値創出〟のための事業やビジネスモデルの変革だとされています。

これまでは紙がなければ作ることができなかった書籍の電子化、電子書籍を考えれ分かりやすいと思います。電子書籍によって書店に行かなくても本が買えるようになりました。売る側からすれば、書店に置かなくても本が売れるわけです。

1台の電子書籍の専用端末に数百冊の書籍を保存し、好きなものを読むこともできます。大量の本を持ち運ぶ必要はありません。読書体験を一変させるDXが起こっているのです。こうした点を評価して電子だから本を買う層も出てきています。

紙の書籍の市場が縮小し、販売する書店の数が減少する中で、電子書籍の市場は拡大し続けています。

現実には、デジタイゼーション、デジタライゼーションと呼ぶべき取り組みをDXとみなすことが少なくありません。金融DXで取り上げたOCRやRPAによる効率化などが当てはまるでしょう。

DXでのデータ分析の重要性にはすでに触れました。アナログなデータのデジタル化には大きな意味があります。デジタル化されたデータだからこそ、コンピューターとソフトウエアを使って分析したり加工したりできるのです。

デジタル化されていなければ、ネットワークを使って世界のさまざまなところに一瞬で移動させることは不可能です。デジタイゼーションはDXやデジタライゼーションの前提であり重要なことに変わりはありません。

当たり前のように思われるかもしれませんが、現実にはコロナ禍で、デジタイゼーションすらできていないことが明らかになりました。全ての業務をデジタル化し、テレワークを推進しようとした企業で、書類にハンコを押すためだけに出社しなければならない例が続出したのをご記憶の方も多いでしょう。

「2025年の崖」を超える

第1章の冒頭近くで、2018年に経産省が発表したDXレポート～ITシステム『2025年の崖』克服とDXの本格的な展開～」がDXに対する関心を高めたと書きました。この文書の中で、克服すべき対象として挙げられた「2025年の崖」とDXの関係について説明します。

聞きなれない言葉ですが、2025年の崖とは日本企業の利用するITシステムの多くが老朽化しており、このまま使い続ければ2025年に大きな問題が発生すると指摘したものです。DXレポートでは2025年から2030年までの間、最大で年間に12兆円の損失が生じる可能性があるとされています。

当時、問題として指摘されていたのは、老朽化するにしたがって、既存の情報システムの構造がどんどん不透明になって管理しているデータを活用しきれなくなり、システムの維持管理コストが増大し、企業の競争力強化につながる新規開発の余裕がなくなっていくことなどでした。IT関連の人員不足が原因で、不正なアクセスを許してデータを奪われる、あるいはシステム障害、さらにはデータの消失などが発生するリスクも問題だとして

「2025年の崖」の二つのシナリオ

崖に落ちるシナリオ

老朽化した既存のITシステムが複雑化・ブラックボックス化
▼
データ活用が困難かつ保守運用費増で、既存システムがDX実現の壁に
▼
2025年以降、最大12兆円/年の経済損失が生じる可能性

崖克服のシナリオ

2025年までに既存システムを集中的に刷新
▼
データをフル活用するDXが可能に
▼
実質GDPを最大130兆円超の押し上げ

います。

デジタイゼーション、デジタライゼーション、ＤＸの関係のところでも触れましたが、データを活用できない状態でＤＸを実現するのは至難の業です。また新ビジネス、新サービスの開発にはお金がかかります。維持管理の費用が増大する中で、新規開発投資は簡単には増やせません。

ＤＸを加速させるためには、この状態を放置するわけにはいかない、というのがＤＸレポートの要旨の一つです。

２０２５年の崖を避けるための方策として経産省が挙げたのが２０２１

年から2025年までの間に、経営戦略を踏まえて既存のITシステムを集中的に刷新する、というものでした。これによってデータをフル活用した本格的なDXが実行できるようになるというのです。経産省の試算では、実質GDP（国内総生産）を最大130兆円超も押し上げる効果があるといいます。

2025年の崖に関しては、少し誤解された部分があります。一部で老朽化したITシステムを新たに作り直す、刷新することがDXだと思われるようになったからです。DXの定義でも示したように、デジタルを使って変革を実現しなければDXではありません。老朽化したITシステムを刷新しただけで変革は起こりません。土台の一部が整ったというのが正しい理解です。

日本企業のDXは遅れている

ところで現在の日本企業のDXの取り組みはどうなっているのでしょうか。

残念ながら遅れているというのが実態です。先に触れた経産省の「DXレポート2（中

日本企業のDXは遅れている

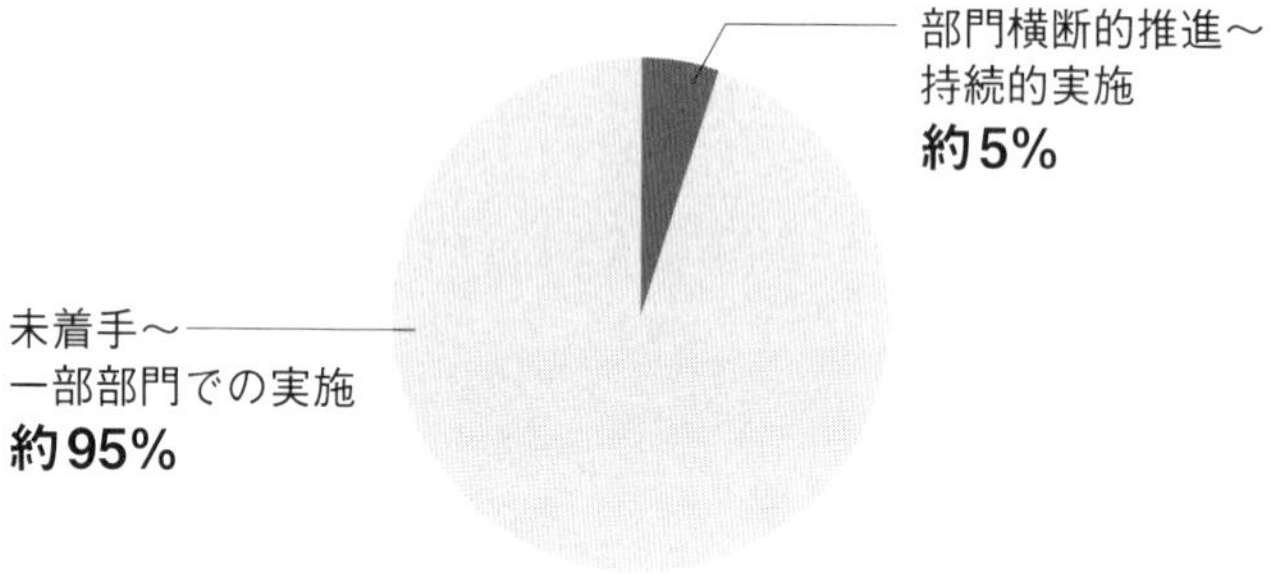

出所：DXレポート2（中間取りまとめ）

経産省が取りまとめた「DX推進指標」の自己診断結果について、2020年10月時点までに集まった約500社の回答企業の状況を情報処理推進機構（IPA）が分析した結果に基づく。

間取りまとめ）」では、日本企業全体の約95％が、いまだにDXについて知らないDX未着手企業か、DXを進めたいが、散発的な実施にとどまっているDX途上企業だと指摘しています。

　これは経産省が取りまとめた「DX推進指標」の自己診断結果について、２０２０年10月時点までに集まった約５００社の回答企業の状況を情報処理推進機構（ＩＰＡ）が分析したものです。分析の対象となった500社はDX推進指標を使って自己診断する企業ですから、DXへの意識は高いと考えるのが自然です。日本企業全体でみれば状況はもっと悪いかもしれません。

似たような結果はほかの調査でも出ています。アビームコンサルティングが2020年12月に発表した「日本企業のDX取り組み実態調査」によると、DXに成功したと認識している回答は全体の約7％に過ぎませんでした。

アビームコンサルティングの調査には、なぜ日本企業でDXが進んでいないのかを知るヒントもありそうです。この調査ではDXの成功と失敗を分ける要因が何かを分析した結果、全社員へのデジタル教育、デジタル知見を有した経営陣による意思決定、デジタルとビジネス・業務知見を有した推進組織の組成の3点に特に着目すべきだと指摘しています。

DXという言葉は毎日のように耳にするものの、全社員は言うに及ばず、経営トップの意識も、体制の整備もまだまだというのが現実のようです。

ところで先に触れたDX推進指標は、35の質問に回答することで、自社のDX推進レベルを自己診断できるものになります。現在もネットで公開中ですから、この機会に一度、自社のレベルを調べてはいかがでしょうか。

DXは企業価値に影響する

DXは企業価値を左右する存在にもなりつつあります。正確に言えば、株式時価総額、つまり企業の株価に影響を与えるのです。

DXによって業績が向上した結果、株価が上がると言いたいのではありません。より直接的に、DXの実現度で株式の銘柄を選ぶ時代が到来しています。

2020年8月に経産省と東京証券取引所が共同で、「デジタルトランスフォーメーション銘柄（DX銘柄）2020」を発表しました。2019年までは、攻めのIT系銘柄として発表していたものの名称を改めました。

DX2020銘柄に選ばれた35社は、日本のDX先進企業とのお墨付きを得たことになります。大手建機メーカーのコマツと、機械工具卸のトラスコ中山の2社が「DXグランプリ2020」に選ばれています。「DX銘柄2021」の選定も決定しています。

DXの進展度合いで、税制上の優遇措置にも差が出てきます。2022年度末を適用期限とした「DX（デジタルトランスフォーメーション）投資促進税制」が創設されました。法改正などの制度整備期間を経て、制度適用の申請受け付けが2021年夏にも始ま

「DX銘柄2020」に選ばれた35社

社名	業種
鹿島	建設業
ダイダン	建設業
アサヒグループホールディングス	食料品
日清食品ホールディングス	食料品
東レ	繊維製品
富士フイルムホールディングス	化学
ユニ・チャーム	化学
中外製薬	医薬品
ENEOSホールディングス	石油・石炭製品
ブリヂストン	ゴム製品
AGC	ガラス・土石製品
JFEホールディングス	鉄鋼
コマツ（DXグランプリ）	機械
ダイキン工業	機械
コニカミノルタ	電気機器
富士通	電気機器
ヤマハ発動機	輸送用機器
トプコン	精密機器
大日本印刷	その他製品
東京ガス	電気・ガス業
JR東日本	陸運業
Zホールディングス	情報・通信業
NTTデータ	情報・通信業
住友商事	卸売業
トラスコ中山（DXグランプリ）	卸売業
Hamee	小売業
日本瓦斯（ニチガス）	小売業
りそなホールディングス	銀行業
大和証券グループ本社	証券、商品先物取引業
SOMPOホールディングス	保険業
東京センチュリー	その他金融業
GA technologies	不動産業
三菱地所	不動産業
ディー・エヌ・エー	サービス業
セコム	サービス業

並びは業種・銘柄コード順
出所：経済産業省

る見通しです。

ＤＸの実現に必要なクラウド技術を活用したデジタル関連投資に対し、３％か５％の税額控除あるいは30％の特別償却を認めるものです。具体的には、ソフトウエアの購入費用や、システムのクラウドへの移行にかかる初期費用などが対象になります。

この優遇措置を受けるためには、経産省から「ＤＸ（デジタルトランスフォーメーション）認定事業者」として認定される必要があります。ＤＸ銘柄も２０２２年度以降は東証に上場しているだけでなくＤＸ認定を取得していることを選定の条件に加えるとしています。

「ＤＸ認定制度」が誕生

ＤＸ認定制度について説明しましょう。デジタル技術を活用したビジネス変革に向けた準備を整えた事業者を、経産省が認定し公表する制度です。ＤＸに向けた準備状況を評価する制度ですから、具体的な実績を上げている必要はありません。

２０２０年5月に始まったもので、ＤＸに必要な取り組みを認定基準として示すことで、事業者がＤＸに踏み出す契機とする狙いがあります。認定を得ればＤＸに積極的な企業だとアピールもできます。

ＩＰＡが事業者の申請を受け付けて審査します。企業だけでなく個人事業者や公益法人など全ての事業者が対象です。

審査の観点は、「ビジョン・ビジネスモデル」「戦略」「成果と重要な成果指標」「ガバナンスシステム」の4点です。各観点の認定基準として、デジタル技術の普及による競争環境の変化を踏まえた経営ビジョンの公表、システム構築や人材確保などデジタル技術を取り込む戦略の公表、戦略の達成度を測る指標の公表、経営者自身のメッセージ発信などを求めます。

第1章のまとめ

- ＤＸはデジタルトランスフォーメーションの略
- 定義は「デジタルを使って自らを変革し、圧倒的な競争力を身に付けること」
- ＤＸの前提条件は「非常に高機能な端末が広く一般に普及して、高度な技術が日常的に使われる」。
- 実現に当たっては「ＩＴ、とりわけインターネットとソフトウエア、データ、センサーの組み合わせで違いを生み出す」
- 金融、製造、小売りなどさまざまな業種でＤＸが広がる
- デジタイゼーション、デジタライゼーションの次のステップがＤＸになる
- 老朽化した既存ＩＴシステムの刷新はＤＸの土台

第2章

DXで何が起こっているのか

GAFAは世界を変えた

第2章では、企業への影響を中心にDXが実際に何を引き起こしているかを示します。DXは企業にどういった変革をもたらすでしょうか。いくつか考えられます。

まずDXで強い製品・サービスが生み出せるようになります。こういった製品・サービスを提供することで、高い成長力と高い収益力を実現します。効果を知っていますから、デジタルへの投資を継続します。場合によっては旧来の秩序を破壊します。後述する「プラットフォーム」を提供するようになる企業もあります。

みなさんはもっともうまくDXを生かした企業と聞いてどんな名前を思い浮かべるでしょうか。

世界で最もDXが進んだ企業としてよく言及されるのが、頭文字を取ってGAFAと呼ばれる米国のグーグル、アマゾン・ドット・コム、フェイスブック、アップルの4社です。GAFAは「ガーファ」あるいは「ガファ」と読みます。

DXが企業にもたらすもの

- 強い製品・サービスの実現
- 高い成長力、高い収益力
- 巨額のデジタル投資の継続
- 旧来の秩序の破壊
- 世界中で使われる「プラットフォーム」を提供

DX先進企業の代表がGAFA

G グーグル
検索サービスの雄

F フェイスブック
SNSの雄

A アマゾン・ドット・コム
ECとクラウドの雄

A アップル
スマホの雄

同じく米国のマイクロソフトを加えてＧＡＦＡＭ、さらに米国の大手動画配信サービス会社のネットフリックスを追加して、ＦＡＮＧＡＭと表現することもあります。いずれも巨大なテクノロジー企業なので、頭文字を使わずに「ビッグテック」と呼ぶケースも増えてきました。

ＧＡＦＡは、我々が日常的に使うスマホのアプリやスマホを提供している企業です。これら４社の製品やサービスを使っている方も多いでしょう。

デジタルで強い商品、サービスを生み出す

４社は、なぜＤＸの先進企業だと言われるのでしょうか。

第一に、デジタル技術を使って他社がまねできない強い商品やサービスを生み出しています。

グーグルはスマホのアプリやＷｅｂのサービスで検索エンジンや検索連動広告、グーグルマップのような地図サービス、あるいはＧｍａｉｌなどのサービスを提供しています。多くのスマホを動かすＯＳ（基本ソフト）のＡｎｄｒｏｉｄもグーグルによるものです。

アマゾンは世界最大の売り上げを誇るＥＣ事業者です。本の販売からスタートしましたが、現在は家電から生鮮食品、あるいは動画や音楽までさまざまな商品を販売しています。さらに電子書籍とＫｉｎｄｌｅという電子書籍用の専用端末、Ａｍａｚｏｎ ＥｃｈｏというＡＩスピーカーを販売しています。

フェイスブックは世界最大のＳＮＳであるＦａｃｅｂｏｏｋだけでなく、画像を中心としたＳＮＳのＩｎｓｔａｇｒａｍ、日本でいえばＬＩＮＥのようなメッセンジャーアプリのＷｈａｔｓＡｐｐを展開しています。ＷｈａｔｓＡｐｐは日本ではあまり使われていませんが、20億人が利用する世界最大のメッセンジャーです。同社の収益源はＦａｃｅｂｏｏｋやＩｎｓｔａｇｒａｍを利用していると表示される広告からのものです。

アップルの最大の商品はスマホのｉＰｈｏｎｅですが、タブレット端末のｉＰａｄやパソコンのＭａｃに加え、ＡｐｐｌｅＷａｔｃｈやイヤフォンのＡｉｒＰｏｄｓ（エアーポッズ）などウエアラブル端末と呼ばれる身に付ける製品にも力を入れています。最近では定額制音楽配信サービスのＡｐｐｌｅ Ｍｕｓｉｃ（アップルミュージック）をはじめとしたさまざまなサービスに力を注いでいます。

先進のデジタル技術を駆使

ＧＡＦＡのサービスや商品に共通点があるのにお気づきでしょうか。ＤＸ実現に不可欠な技術にＡＩ（人工知能）やＩｏＴ（インターネット・オブ・シングス）、クラウドがありますが、積極的にこれらを使っているのです。

ＡＩを例にとって説明しましょう。

無料で便利なこともありますが、グーグル検索が広く使われているのは、精度の高さが理由です。世界中の膨大なネットの情報から適切な結果を示すため、グーグルはＡＩを最大限に利用しています。

アマゾンもサイト上での買い物を増やすためにＡＩを用いています。サイト上に示されるおススメ商品はＡＩが選んでいます。

お使いになったことがあればお分かりでしょうが、Ｆａｃｅｂｏｏｋは投稿された写真をＡＩで分析して、それが誰なのかを推測してきます。おススメの順に投稿を並べるのもＡＩによるものです。

アップルのｉＰｈｏｎｅには、操作性を高めるため、人間が話した言葉を理解する音声認識アシスタントのＳｉｒｉ（シリ）があります。ＳｉｒｉはＡＩそのものです。アマゾンのＡｌｅｘａやグーグルのＧｏｏｇｌｅ Ｈｏｍｅも同じです。これだけでありません。ｉＰｈｏｎｅの魅力にカメラがありますが、美しい写真の撮影や編集、アルバムの整理などにＡＩが使われています。

ＧＡＦＡが見せる桁違いの成長力

二つ目は、デジタルの力で自らを変える中で、成長し続けていることです。それも桁違いの成長です。年間売上高が10兆円規模にもかかわらず、ほとんどが毎年2桁成長を続けているのです。

ＧＡＦＡの順に書いていきましょう。

２０２０年のグーグル、正確にはグーグルを傘下に持つ持株会社のアルファベットの決算は、売上高１８２５億２７００万ドル（約20兆円、以下、全て1ドル＝１１０円で換算）で前年比12・８％増、営業利益は４１２億２４００万ドル（約４兆５３００億円）で同20・４％の増加でした。

アマゾンは売上高が3860億6400万ドル（約42兆5000億円）で前年比37・6%増、営業利益は228億9900万ドル（約2兆5200億円）で同57・5%の増加です。コロナ禍による巣ごもり消費の恩恵を受けた好業績が目を引きます。

フェイスブックは売上高が859億6500万ドル（約9兆4600億円）で前年比21・6%増、営業利益は326億7100万ドル（約3兆5900億円）で前年比36・2%増です。

アップルの決算期は9月です。他の3社と少しずれますが、同社の2020年9月期の決算は売上高が2745億1500万ドル（約30兆2000億円）で前年比5・5%増、営業利益が662億8800万ドル（約7兆円2900億円）で前年比3・7%増になります。前期はコロナ禍の影響を受けたため下振れしていますが、2021年9月期の最初の四半期決算は、売上高が前年同期比21・4%増の1114億3900万ドル（約12兆3000億円円）で、営業利益は同31・2%増の335億3400万ドル（約3兆7000億円）の好調ぶりでした。

ちなみに売上高で日本最大の企業はトヨタ自動車ですが、同社の2021年3月期の連結売上高の予想は11・3％減の26兆5000億円で営業利益も16・6％減の2兆円です。いかにGAFAが飛び抜けた存在なのかがわかるでしょう。

成長率が高いだけでなく高い営業利益も特徴です。営業利益額はすでに示しました。今度は2020年の決算から営業利益率を計算してみましょう。

グーグルの持ち株会社であるアルファベットの営業利益率は22・6％です。フェイスブックは38・0％、アップルは24・1％でした。営業利益率が低くなりがちな小売業の顔を持つアマゾンでも5・9％に達します。

日本企業と比べれば差が分かります。経産省が2020年6月に発表した「2019年企業活動基本調査確報－平成30年度実績－」によれば、1社当たりで見た営業利益率は3・7％に過ぎません。2年前の数値ですが大きくは変わっていないはずです。

営業利益の高さは経営への余裕を生み、継続した投資を可能にします。これが三つ目の理由です。

グーグルの持ち株会社であるアルファベットは、2020年に研究開発投資として275億7300万ドル（約3兆300億円）を費やしました。フェイスブックは184億4700万ドル（約2兆300億円）で、アップルは187億5200万ドル（約2

兆600億円）です。

アマゾンは研究開発の投資額を公開していません。現実には、ほかの3社を超える金額の可能性もあります。

少し古いのですが、2018年にPwCグループの戦略コンサルティング会社であるストラテジー&が世界の企業の研究開発投資ランキングを発表しました。アマゾンはこのランキングの1位で226億ドル（約2兆4900億円）を研究開発に投じているとされています。

その後もアマゾンは成長し続けていますから、現在の金額はさらに伸びていると見るのが自然でしょう。いずれの企業も年間2兆円を超す金額を研究開発に投じているわけです。

デジタルディスラプター

4社はそこまで古い企業ではありません。最も古いアップルの創業が1976年。アマゾンはインターネットブームが起ころうとしていた1994年、グーグルは1998年でした。フェイスブックに至っては2004年の創業で21世紀になって誕生した企業です。

残念ながら日本の企業で、これだけの速さで成長した企業はありません。急速に成長できた理由は何でしょうか。

繰り返しになりますが、これが可能になるのは、DXのD、デジタルの力を使って競合に対して圧倒的な強さを発揮し、絶えずDXのX、つまりトランスフォーメーションを続けているからです。

グーグルの売り上げの大半は広告事業から来ています。ネットの検索結果と連動して広告を表示する同社の広告事業は、費用対効果の高さで既存メディアの広告を圧倒しました。この仕掛けによって、他社を圧倒し成長し続けているのです。

グーグルが急成長するのに対して、既存の広告の売上は右肩下がりです。2021年1月に電通グループが発表した「世界の広告費成長率予測」によれば、デジタル広告は2021年に10・1%成長するのに対して、テレビは1・7%の伸びに過ぎません。新聞は3・1%の、同じく雑誌は14・3%のマイナス成長です。媒体別で見た広告費のシェアも2021年にはデジタルが全体の50・0%に達します。

全てがグーグルによるものではありませんが、広告業界の姿が一変しているのが分かる

デジタルディスラプターとは

DXによって新しい
ビジネスモデルを実現し、
既存のプレーヤーに
破壊的な影響をもたらす企業

DX先進企業がデジタルディスラプターになる。米アマゾン・ドット・コムによる書店や小売業への影響を考えると分かりやすい。アマゾンが進出することで既存のプレーヤーにマイナスの影響が出ることを「アマゾンエフェクト」、アマゾン効果という。

でしょう。

このようにＤＸによって新しいビジネスモデルを実現し、既存のプレーヤーに破壊的な影響をもたらすＧＡＦＡのような企業を「デジタルディスラプター」あるいは、「ディスラプター」と呼びます。古い秩序を破壊しているともいえるでしょう。これが４番目の理由です。

アマゾンはインターネット通販を通じて商業の世界を変革しましたが、影響はそれだけにとどまりません。米国ではアマゾンを筆頭としたＥＣ業者の台頭で多くの実店舗が倒産したり、閉店したりするようになっています。コロナ禍でこの傾向は加速しました。

アマゾンが進出することで、既存産業のビジネスにマイナスの影響が生じるのを「アマゾンエフェクト」、アマゾン効果と呼びます。アマゾンの発祥の地である米国では、書店や百貨店などの小売業でアマゾンエフェクトが発生しています。経営不振に陥り、最終的に破綻する大手チェーンも出てきています。

アマゾンは単なる小売りの会社ではありません。第３章で書きますが、Ａｍａｚｏｎ Ｗｅｂ Ｓｅｒｖｉｃｅｓ（ＡＷＳ）というクラウドサービスでコンピューターのハードウエアの世界を抜本的に変えました。一言でいえばコンピューターを買うものから使うものに変えたのです。

少し古い資料ですが米国の調査会社であるガートナーによれば、２０１９年の時点でＡＷＳは、クラウド市場のＩａａＳと呼ばれる分野で45・０％のシェアを獲得する圧倒的な１位になっています。２０２０年のＡＷＳの売上高は４５３億７０００万ドル（約４兆９９００億円）で前年比29・５％増、この事業の営業利益は前年比47・１％増の１３５億３１００万ドル（約１兆４９００億円）で、Ａｍａｚｏｎ全体の営業利益の５割以上を生み出す稼ぎ頭です。

ＡＷＳが引っ張るクラウド市場の影響を受けて、ハードウエアとしてのコンピューターを企業に販売するメーカーのビジネスは大きな影響を受けました。

フェイスブックもグーグルと同様に広告の世界を変えて急成長しています。フェイスブックの広告はＦａｃｅｂｏｏｋの利用者に向けて表示されます。

同社の広告が優れているのは、広告を表示する利用者のさまざまな属性を選ぶことが可能な点です。国や地域、あるいは関心を持つキーワードを選べます。テレビや雑誌など、旧来のメディアではこういった形で広告を出稿するのは不可能でした。

Ｆａｃｅｂｏｏｋを利用するためには個人情報を登録する必要があります。またＦａｃｅｂｏｏｋは利用者がどういったふるまいをしているかを記録しています。これらを元に広告主が選んだキーワードに関心を持ちそうな相手に広告を表示するのです。

しかも２０２０年12月のＦａｃｅｂｏｏｋの月間利用者数は28億人です。現在、世界で最も人口が多い中国の超14億人の約2倍、日本と比べれば20倍以上になります。

これだけの数を引き付けるだけでなく、取得したデジタルデータで行動を分析して広告を表示し分ける技術を持っているからこそ、これを使おうという広告主が増え続けているのです。

アップルはパソコンの会社として誕生しましたが現在は違います。Macシリーズのパソコンも販売していますが、主力製品は携帯電話を生まれ変わらせたiPhoneと、iPhoneから提供するさまざまなサービスです。

iPhoneはそれまでの携帯電話とは全く違う使い勝手の良さ、顧客体験で他社を圧倒しました。一時は倒産しかけたアップルがGAFAの一角を担うまで復活したのはiPhoneがあってこそです。

IT専門調査会社の米IDCが発表した2020年の全世界のスマホ出荷台数は12億9220万台です。2億6110万台を販売したアップルは韓国サムスン電子に次ぐ2位でした。

アップルがiPhoneの販売を開始したのは2007年です。過去に買って使い続けているユーザーを加えれば、利用されている数は10億台あっておかしくありません。

市場全体で見れば、グーグルの提供するAndroidを搭載するスマホが販売台数では大きく上回ります。ですがスマホから生まれる利益では、アップルのシェアは市場全体の50％を超えているといわれています。

同社の前CEO（最高経営責任者）である故スティーブ・ジョブズはiPhoneについて、

「携帯電話を再定義した」と表現したことがあります。

ＤＸのＸは変革と書いていますが、再定義という言葉を使っていいかもしれません。

プラットフォームとプラットフォーマー

ここで覚えてほしい言葉があります。「プラットフォーム」と「プラットフォーマー」です。

製品・サービスが広く利用される中で、生活やビジネスに不可欠なインフラのような存在になることがあります。これをプラットフォームと呼びます。

グーグル検索やアマゾンでの買い物、Ｆａｃｅｂｏｏｋでの知人とのやり取り、ｉＰｈｏｎｅの利用などを想像してもらえればいいでしょう。これらのサービスや製品なしの生活はかなり難しくなっています。

利用者が億人単位のＧＡＦＡの商品やサービスはプラットフォームそのものです。プラットフォーム化すると、大量の利用者が集まるのを前提とした新たなビジネスがどんどん生まれてきます。

プラットフォームとは

製品・サービスが広く利用される中で、
生活やビジネスに不可欠な
インフラのような存在になったもの

プラットフォームを持ってビジネスを展開する企業が「プラットフォーマー」になる。プラットフォームの利用者に対して大きな影響力を持つ。GAFAは世界で最も強力なプラットフォーマーといえる。最近ではプラットフォーマーの影響力が強すぎるということで、政府やEU（欧州連合）のような公的機関がさまざまな規制を求めるようになっている。

分かりやすい例はiPhoneやアンドロイドスマホで提供される膨大なアプリです。提供元のアップルやグーグル以外に、アプリを提供して収益を上げようとする企業や個人の開発者によってアプリが増えることで、さらにサービスが魅力的になり利用者が増えます。

　アップルやグーグルは自らのプラットフォームでアプリを配布する企業

や開発者に販売収入があった場合、手数料を受け取ります。プラットフォームを提供できるようになれば、収益力、さらには競争力が高まるのです。

プラットフォームを持ってビジネスを展開する企業が「プラットフォーマー」です。GAFAは世界で最も強力なプラットフォーマーといえます。これが理由の五つ目です。

最近ではプラットフォーマーの影響力が強すぎるということで、政府やEU（欧州連合）のような公的機関がさまざまな規制を求めるようになりました。プラットフォーマーの最大の脅威は、公的機関ではないかと思えるほどです。

GAFAほどの規模でなくても、特定の用途、特定の業種向けに強いプラットフォーマーが存在します。その領域のナンバーワンであれば、プラットフォームの強さを生かしたビジネスが可能になります。

2010年代に話題を呼んだウーバーとエアビーアンドビー

GAFAの事業は最終的に提供する製品やサービスがデジタルと直結しています。

2010年代にDXの力を示す例としてよく名前が挙がったのが、米ウーバーテクノロジーズと米エアビーアンドビーの2社でした。

ウーバーは配車のマッチングサービス市場を、エアビーアンドビーは民泊マッチング市場を生み出しました。両社はタクシーと宿泊業という成熟しきったように見えたリアルビジネスをDXで激変させた点で共通しています。

両社の成長のスピード感はDXありきの企業ならではといえます。少し古い資料ですが2018年12月時点で1日の配車サービスの回数が1400万回に達したとウーバー自身が公開しています。エアビーアンドビーが提供するサービスの利用者は2020年9月時点で累計8億人を突破しました。両社のサービスは世界に広がっています。

ウーバーの設立が2009年、エアビーアンドビーが2008年でした。設立から10年ほどで社会を一変させたわけです。

2020年の売上高はウーバーが111億3900万ドル（約1兆2300億円）、エアビーアンドビーが34億ドル（約3740億円）でした。ただし両社ともコロナ禍の影響で減収で、多額の営業赤字を計上しています。

それでも市場の評価は高いものがあります。ウーバーは2019年5月に、エアビーアンドビーは2020年12月に株式上場しました。両社の株式時価総額はともに11兆円を超えます。日本の上場企業で両社を上回るのは10社もありません。

両社のサービスを実現させる上で大きな意味を持ったのがＡＩです。

ウーバーは、ある場所からある場所までウーバーを利用して移動したいという客と、自分の車でその人を運ぶドライバーをマッチングさせることで成立します。このサービスを「ライドシェア」と呼びます。

客がドライバーに支払った料金の中から受け取る手数料がウーバーの売り上げです。問題はライドシェアが大量の数に及ぶことです。

１日に１４００万回のライドシェアを実現するには、同じ数だけマッチングする必要があります。とてもではありませんが人手でこなすのは不可能です。

ウーバーは利用者向けとドライバー向けのスマホアプリを用意し、ＧＰＳ（全地球測位システム）でリアルタイムの位置情報を把握して、最適な組み合わせをＡＩで決めています。それだけではありません。

利用者の集中度合によって、時間や場所に応じて細かく利用料金を自動的に変化させます。このように、需要に応じて値付けを買えることをダイナミックプライシングといいます。

需要が高まれば価格を上げても取引が成立するのは経済学の基本ですが、リアルタイムで需要の変動を知り、どこまで価格を上げればいいのかを判断するのは簡単ではありません。海外のホテルなどは過去の経験に基づいて、値段を変えていましたが突然の変化には対応しきれませんでした。

ここでもＡＩがものをいいます。現在までの利用データを基に、いくらまでなら利用者が受け入れるのかを予測して瞬時に価格を変動させているのです。

エアビーアンドビーは、ある日時にある場所で宿泊する場所を探している利用者と、自分の所有する住居などを宿泊用に提供するホストをマッチングします。宿泊料の一部から受け取る手数料が同社の売り上げになります。

エアビーアンドビーのサービスは当初は宿泊のマッチングだけでしたが、今では各種のアクティビティー、さらにはオンライン体験にまで領域を広げています。２０２０年９月の時点でホストの数は４００万を超えていますから、４００万種類の料金を設定する必要があります。

ここにエアビーアンドビーはダイナミックプライシングを導入しました。サービスの人気の集中度合いなどから、いくらに料金を設定するのがいいのかをアドバイスするのですが、ここでもＡＩが利用されています。

シェアリングエコノミー

ウーバーやエアビーアンドビーのサービスと関連して覚えてほしい言葉があります。「シェアリングエコノミー」です。

ウーバーやエアビーアンドビーのサービスが典型ですが、インターネット上のプラットフォームなどを介して、不動産やモノなどの資産や個人のスキルを他者が借りて利用する経済活動を指します。

会議室から住宅、時には映画館など多様な空きスペースを時間単位でマッチングするスペースマーケット、個人所有や月極の駐車場を時間単位でマッチングさせるａｋｉｐｐａ（あきっぱ）などはその代表例です。個人のスキルをマッチングするクラウドワークスやランサーズの名前を聞いた方も多いでしょう。

東京23区で働いているなら、ＮＴＴドコモが展開する自転車のシェアリングサービス「ドコモ・バイクシェア」の赤い電動補助自転車が街を走るところを一度は見ているので

シェアリングエコノミーとは

**インターネット上の
プラットフォームなどを介して、
不動産やモノなどの資産や個人のスキルを
他者が借りて利用する経済活動**

シェアリングエコノミー協会は、シェアリングエコノミーの領域が主に場所・乗り物・モノ・人・スキル・お金に分類できるとしている。

はないでしょうか。

シェアリングエコノミーは一般にサービスやモノの提供者と利用者、マッチングの場所を作る企業の三者がいて実現します。企業は提供者と利用者のマッチング機能や決済機能、レビュー機能を提供。利用者はその対価を提供者に支払い、対価の一部を企業が手数料として受け取ります。

従来の企業による似たサービスと比べて価格が安い、スマホですぐに申し込めるといった点が評価され、シェアリングエコノミーは成長してきました。シェアリングエコノミー協会は、シェアリングエコノミーの領域は主に、場所・乗り物・モノ・人・スキル・お金に分類できるとしています。

市場規模はどれくらいでしょうか。シェアリングエコノミー協会と情報通信総合研究所が共同で実施した、「日本のシェアリングサービスに関する市場調査」によれば、2020年度の日本のシェアリングエコノミーの市場規模は2兆1004億円でした。2030年度には14兆1526億円にまで伸びるという結果が出ています。

シェアリングエコノミーの裏側にあるのは、マッチングを通じた人に属するスキルを含む遊休資産、あるいは資産の遊休時間の有効活用による社会全体の生産性向上です。テクノロジーによる生産性向上はDXの得意とするところですから、相性がいいのも納得です。

過熱するスーパーアプリ

ここ数年のDXをめぐる動きで目立つのが「スーパーアプリ」です。スーパーアプリとは、さまざまな機能を持つ大量の「ミニアプリ」とセットになっており、決済、予約をは

スーパーアプリとは

**さまざまな機能を持つ大量の
ミニアプリとセットになっており、
決済、予約をはじめとした
さまざまな処理が一つで可能なアプリ**

中国のテンセント、アント・グループ、シンガポールのグラブ、インドネシアのゴジェックが代表的なスーパーアプリの提供元になる。日本ではLINEがスーパーアプリを目指している。

じめとしたさまざまな処理が一つで可能なアプリになります。

パソコンのインターネットの世界では、Webブラウザーで最初にアクセスするWebサイトを「ポータル」と呼んでいます。ヤフーやグーグルが日本の代表的なポータルです。

スーパーアプリは次世代のポータルのような存在です。情報にアクセスするための入り口であるポータルとは異なり、スーパーアプリは決済や予約など何らかの処理までこなす点が異なります。

ポータルよりもさらに生活に密着したサービスであり、強力なプラットフォームになり得ます。金銭のやり取りを伴う決済情報などがデジタルデータで残りますから、利用履歴は企業にとっては価値の高い行動データになります。この分野でプラットフォーマーになれば、GAFAのような存在になれる可能性があります。

ただのアプリを超えたアプリだからスーパーアプリです。ミニアプリと組み合わせて使うことが多いため、区別するためにこう呼ばれている面もあります。ミニアプリはミニプログラムと呼ばれることもあります。

日本でスーパーアプリの提供を目指している企業があります。LINEです。

もともとLINEは2020年9月末時点で国内利用者が8600万人に達するプラットフォーマーの顔を持った企業です。メッセンジャーアプリとしてスタートしましたが、今ではショッピング、予約、クーポン、あるいはマンガ、音楽などのサービスを使っている人も多いでしょう。これらのサービスはLINEのホーム画面にあるサービスのエリアで「＋追加」のボタンを押せば使えるようになります。ミニアプリそのものです。今は別アプリですがスマホ決済のLINE Payも提供しています。

ＬＩＮＥは２０２１年３月、ヤフーを傘下に抱える持ち株会社のＺホールディングス（ＺＨＤ）と経営統合しました。両社の経営統合を発表した２０１９年11月の記者会見で、ＺＨＤの川辺健太郎社長は「ＧＡＦＡやＢＡＴに対抗する第三極になりたい」と宣言しました。ＢＡＴは中国を代表するＩＴ企業の百度（バイドゥ）、アリババ集団、騰訊控股（テンセント）の３社の頭文字を取ったものです。

ＺＨＤ陣営にはスマホ決済のＰａｙＰａｙがあります。ヤフーのサービスを含めて統合を進め、強力なスーパーアプリを作ることが第三極に割って入る最大の手段と考えているのかもしれません。

先頭を走るアジア勢

ＬＩＮＥが目指す先にあるのはＢＡＴやアジアの有力企業です。ＢＡＴの１社であるテンセント、さらにはアリババ集団のグループ会社であるアント・グループ、シンガポールのグラブ、インドネシアのゴジェックといった企業がスーパーアプリの有力な提供元といわれています。

テンセントがスーパーアプリに育てているのは中国で最大のメッセンジャーのＷｅＣｈａｔです。すでにＷｅＣｈａｔ上のミニアプリで、キャッシュレス決済のほかレストラン予約、チケット購入、タクシーの配車などさまざまなサービスが可能になっています。テンセントは世界最大級のオンラインゲーム会社としても知られています。

アント・グループは、キャッシュレス決済のスマホアプリであるＡｌｉＰａｙを提供して急成長しました。ＡｌｉＰａｙにもＷｅＣｈａｔと同様に多くのミニアプリがあり、同じようなサービスを提供しています。

アント・グループを傘下に抱えるアリババは中国最大手のＥＣ企業です。現在ではＥＣにとどまらず、デジタルの力を生かしたサービスをいくつも提供しています。

リアル店舗にＥＣの要素を組み合わせ、キャッシュレス決済や近距離への宅配サービスを手掛けて急成長しているスーパーマーケットの盒馬鮮生（フーマーフレッシュ）も同社の手によるものです。またＡＷＳと真正面から競合するＡｌｉｂａｂａ Ｃｌｏｕｄというクラウドサービスをアリババの子会社が提供しています。

ゴジェックとグラブはライドシェアサービスの会社として誕生しました。ゴジェックが当初対象としていたのは、４輪車ではなくインドネシアで普及している２輪車です。スーパーアプリを標ぼうする企業にふさわしく、今では買い物代行、フードデリバリー、さらには動画配信サービスまで提供しています。

グラブは当初、マレーシアでライドシェアサービスを開始しましたが、アジアで幅広くビジネスを展開するため、シンガポールに本社を移しました。現在では、フードデリバリーや小包の配達、生鮮品の宅配などはもちろん、地元のタクシー会社と提携したり電動キックボードを貸し出したりしています。

アプリのダウンロード数は1億を大きく超えています。2018年3月にはウーバー・テクノロジーズの東南アジア事業を買収しました。

さまざまな用途で使われるスーパーアプリは、決済で使用してもらうのが必須条件です。もともとキャッシュレス決済で広まったWeChatやAliPayにはこの問題がありません。

利用する度に必ず利用料金を決済する必要のあるライドシェアサービスのアプリも、この条件を満たしています。だからこそこの4社がスーパーアプリの提供元としての地位を確立しているのです。

出前をDXしたウーバーイーツ

以下では今、身近なところで起こっているDXを取り上げます。Ｕｂｅｒ Ｅａｔｓ（ウーバーイーツ）というサービスを利用された方は多いのではないでしょうか。

ウーバーイーツはレストランなどの飲食店と利用者を結ぶ食品の宅配、フードデリバリーのマッチングサービスです。手掛けているのはウーバーの日本法人です。

利用者がスマホアプリから、このレストランでこの料理が食べたいというものを選べば、何十分間か後にはその料理が届きます。「Ｕｂｅｒ Ｅａｔｓ」というロゴの入った大きなバッグを背負って、自転車で街中を走り抜けるデリバリー担当者の姿を見たことがある方も多いでしょう。

出前というサービスは昔からありました。ウーバーイーツができるまでは、ここまで積極的に出前を取ろうという人はあまりいなかったでしょう。

ウーバーは出前をDXし、飲食ビジネスに大きなインパクトを与えています。従来の出前との違いはどこでしょうか。

ウーバーイーツのDXとは

- 出前をDXし、フードデリバリー市場を創造
- 多くの消費者、多くの飲食店が利用し市場は急拡大
- わずか5年で30を超す都府県の都市に展開。全国の風景を変えた

これまでは飲食店が雇った店員を使って出前をするのが一般的でした。出前を専門に受けるサービス事業者を使うケースもありましたが、この場合は飲食店の代わりにサービス事業者が出前のスタッフを雇っていました。

これに対して、ウーバーはレストランも持っていなければ、デリバリー担当のスタッフも雇っていません。レストランから料理を受け取ってデリバリーしているのは個人事業者なのです。ウーバーは、オーダーが入るたびにレストランと個人事業者をマッチングし、料理を届けているのです。

一般利用者と飲食店、フードデリバ

リーする事業者向けのアプリなど、ウーバーが持っているのは、デジタルを使ってマッチングするための仕掛けだけです。ウーバーの収入は、宅配した商品の売り上げと配達料の一部になります。

5年でフードデリバリー市場が全国へと拡大

ウーバーイーツへのフードデリバリーの依頼は膨大な数に上ります。これを瞬時に、料理が冷めないような時間で配達するデリバリー担当者を探さなければなりません。人間がこなすのは不可能です。

実際にウーバーが何をしているかというと、注文が入るたびに、注文した消費者と注文の入った飲食店の場所から、最も短い時間で料理を配達できる人間を、デジタルの力で自動的に選ぶのです。スマホの普及と自分の居場所を正確に知らせることのできるGPSによって場所を特定し、最も短時間で配達できるのは誰かをAIで選びます。ライドシェアで培ったノウハウを応用したものです。

2016年に東京の港区と渋谷区という限られた場所で始まったこのサービスは、瞬く間に全国に広がり、現在では30を超す都府県の都市でサービスを展開しています。さらに広がっていくでしょう。

コロナ禍による巣ごもり消費の拡大によって、市場も急成長中です。ウーバーイーツに加え、Chompy、menu、Wolt、さらにはエニキャリ、ファインダイン、出前館、楽天デリバリーといった国内外のサービスが入り乱れる激しい競争が続いています。

スマホの普及と自分の居場所を正確に知らせることのできるGPS、AIというテクノロジーがなければ今のフードデリバリーは市場は存在しませんでした。

ウーバーイーツは飲食店ビジネスに大きな影響を与えています。「ゴーストレストラン」という言葉をご存知でしょうか。

客席も看板も出さないフードデリバリー専業の飲食店を指します。幽霊のようなレストランだからゴーストレストランと呼ぶのです。

ゴーストレストランには客席がありませんし、接客も、人通りの多い場所に店を出す必要もありません。店舗の出店、運用コストを大きく抑えることができます。コロナ禍で厳しい状況が続く飲食業界ですが、ゴーストレストランは増えています。

買い物を変えたメルカリ

もう1社、身近でDXを起こした企業を紹介しましょう。

メルカリです。メルカリによって、新品ではなくいわゆる中古品を売り買いする消費者が確実に増えました。

メルカリは中古品や手作り品を消費者同士で売買するフリーマーケット（フリマ）をスマートフォンのアプリで再現したサービスです。「ＣｔｏＣ」と呼ぶ消費者間で取引するECサービスの代表的な存在で、同名のメルカリが運営しています。

メルカリは在庫を持ちません。所有している人間と買いたい人間の間で商品をマッチングしているだけです。取引が成立した際に出品者が受け取る代金からの手数料が同社の売り上げになります。シェアリングエコノミーの有力なサービスともいわれています。

国内では、まず価格に敏感な若い女性を中心に支持を広げました。メルカリを使うのはごく普通のことだと思われるかもしれませんが、誕生してからまだ10年もたっていません。

メルカリが広まるまで、スマホでフリマアプリを利用していた方はほとんどいなかったでしょう。そもそもスマホでなくても、日常的にフリマを利用していた方もそれほど多かったとは思えません。

もともとのフリマはマーケットを開くための場所が必要でした。広さや開催頻度の制約もあります。

メルカリにはそれがありません。市場規模を柔軟に拡張できます。実際、2020年12月の時点で、月間のアクティブユーザーは1802万人に上りました。

膨大な数の出品と落札をメルカリはデジタルで管理します。出品された商品の画像から商品名、カテゴリー、場合によっては価格まで自動で推測するAI出品は出品者の手間を減らしました。

スマホアプリの提供によってフリマをDXし、全国から出品したり買ったりするのを可能にしたことで規模の拡大を実現させたのです。フリマにとどまらず、買い物をDXしたといえるかもしれません。

2020年6月期の連結売上高は762億7500万円で、前年同期比で47・6%という高い成長率です。ただ米国市場進出や数々の新規事業によって投資がかさみ、193

億800万円という営業損失を計上しました。

2021年6月期は中間決算までしか発表されていませんが、依然として売上高は前年同期比で46・1％増の好調ぶりです。巨額の損失を計上した前期とは異なり、半期で13億7000万円の営業利益も計上しました。

メルカリが登場する前から、類似のサービスとしてオークションサイトの「ヤフオク！」がありました。メルカリは、スマホに最適化したサービスとして設計され、さらに商品の発送や価格の決定などで使いやすさを追求して、利用者の拡大に成功しました。

メルカリはフリマアプリの事業者にとどまるつもりはないようです。積極的に海外展開や新規事業を展開していますが、注力事業の一つに、キャッシュレス決済のメルペイがあります。

2020年12月時点の利用者数は850万人に達しました。まだ競合に対して優位とは言えませんが、ZHD・LINE連合のように、スーパーアプリの座を狙っているのかもしれません。

2021年1月、突如広がったクラブハウス

2021年1月末に突然、音声を使ったスマホ向けSNSのClubhouse（クラブハウス）が日本で流行し始めました。

面白い事実があります。2021年1月14日付の日経産業新聞が「VoiceTech」というタイトルで、音声関連のサービスを取り上げたのですが、そこにクラブハウスは登場していないのです。にもかかわらず約2週間後の1月27日から毎日のように記事で取り上げられました。

2021年3月時点ではまだiPhone向けのアプリしかないのですが、ダウンロードして簡単な登録さえ済ませれば誰でも、音声による複数での会話が無料で楽しめます。音声専門で文字や画像のやり取りはできません。

クラブハウスのアプリを開くと、Room（ルーム）と呼ばれる会話の場所が表示されていきます。特定のルームを選べば、そこでの会話を聞けるようになります。画面に表示されているものであれば、どれでも好きな時間に入れます。ただし会話が終わって終了したものを後から聞くことはできません。関心を引く内容であれば、1000人以上が1

つのルームに集うこともあります。

ＳＮＳなので参加者同士でつながることが可能です。名前を検索したり、ＬＩＮＥと同様に自分のスマホのアドレス帳に記録した電話番号から知人を探したり、どんな参加者がルームにいるのかが分かるようになっているので、気になった相手を選んだりしてフォローします。

テレビタレントやスタートアップをはじめとした企業経営者、政治家などが利用した結果、これまででは考えられなかったような新鮮な組み合わせの会話が生まれ、多くの利用者が殺到しました。

ラジオのＤＸがクラブハウス

創業者たちのアイデアがどこにあったか分かりませんが、クラブハウスはラジオをＤＸしたととらえることが可能です。どちらも音声を使ったコミュニケーションを楽しむという点では共通しています。

ただクラブハウスは、ラジオとは全く異なる聴取体験を実現しました。話すのは、ディスクジョッキーやゲストのようなラジオ局が選んだ人間だけではありません。

番組を聞こうとして参加した人間なら、簡単な手順を踏めば誰でも話せます。iPhoneさえあれば、世界中のどこからでも利用可能です。番組の開始時間も、終了時間も自由に決めることができます。

アナログのメディアだったラジオも生まれ変わろうとしていました。radikoというサービスがあります。スマホやパソコンさえあればわざわざラジオを使わなくても、ラジオ番組を聞くことができます。

これだけではありません。過去1週間以内に放送された番組を後から聞きたい時間に聞くことができます。月額385円（税込み）を支払えば、通常の無料放送エリアを超えて、日本全国のラジオ番組を聞くこともできます。

音声データをデジタル化しインターネット回線で発信するradikoだから可能になったものです。アナログのラジオ回線を使って、好きな時間に聞きたい番組を聞いたり、自由に全国の放送を聞くのは不可能でした。

ただradikoでできるのはラジオの進化系サービスに過ぎません。第1章で触れた

DXの3ステップでいえば、デジタライゼーションまでの世界です。

受信機としてのラジオに引導を渡すことはできるかもしれませんが、ラジオ局がラジオ番組を提供するというビジネスの構造を変えるものではありませんでした。収益化の道筋が見えないなど不透明な部分は多いのですが、クラブハウスが示した世界はこれと全く異なります。

一時の熱狂は去りましたが、魅力的なコンテンツを提供し続け、数多くの利用者が定着すれば、これまでに存在しなかった独自のビジネスモデルが提示されるでしょう。この時、既存のラジオ局は破壊的な影響を受ける可能性があります。

この問題を避けるためには、DXによってラジオ局が主体的に、今後も生き残っていけるビジネスの形、ビジネスモデルを生み出す必要があります。

第2章のまとめ

- DXの先進企業はGAFAで、成長力、利益、投資も常識破り
- GAFAは既存の秩序を破壊するディスラプターの顔を持つ
- GAFAは強い影響力を持つプラットフォーマーでもある
- DXの領域は広がり、ウーバーテクノロジーズやエアビーアンドビーは成熟したはずの世界を変えた
- Uber Eatsの拡大で分かるように身近なところでもDXは進んでいる
- アジアでスーパーアプリをめぐる争いが始まっている
- Clubhouseのように突然世の中を変えるものが登場する

第3章

ＤＸに欠かせない技術とは何か

AI・IoT・クラウドが3種の神器

第4章では、DXの実現に欠かせない三つの技術を紹介します。AI（人工知能）、IoT（インターネット・オブ・シングス）、クラウドです。DXの3種の神器と言っていいかもしれません。第1章と第2章でも何度か登場しましたが、整理して詳しく全体像を説明します。

DXにはさまざまな技術がかかわりますが、これらを全く使わずに他の技術だけで取り組むのは不可能に近いでしょう。第1章、第2章で取り上げた企業は少なくとも三つのいずれかは利用しています。

これら三つの技術はそれぞれが独立して存在するのではありません。インターネットでつながることで、互いに連携しながら機能するのが一般的です。AIが種々の判断を下し、IoTがさまざまに活動し、両者をクラウドが結び付けるイメージでしょうか。

DXに欠かせない3種の技術

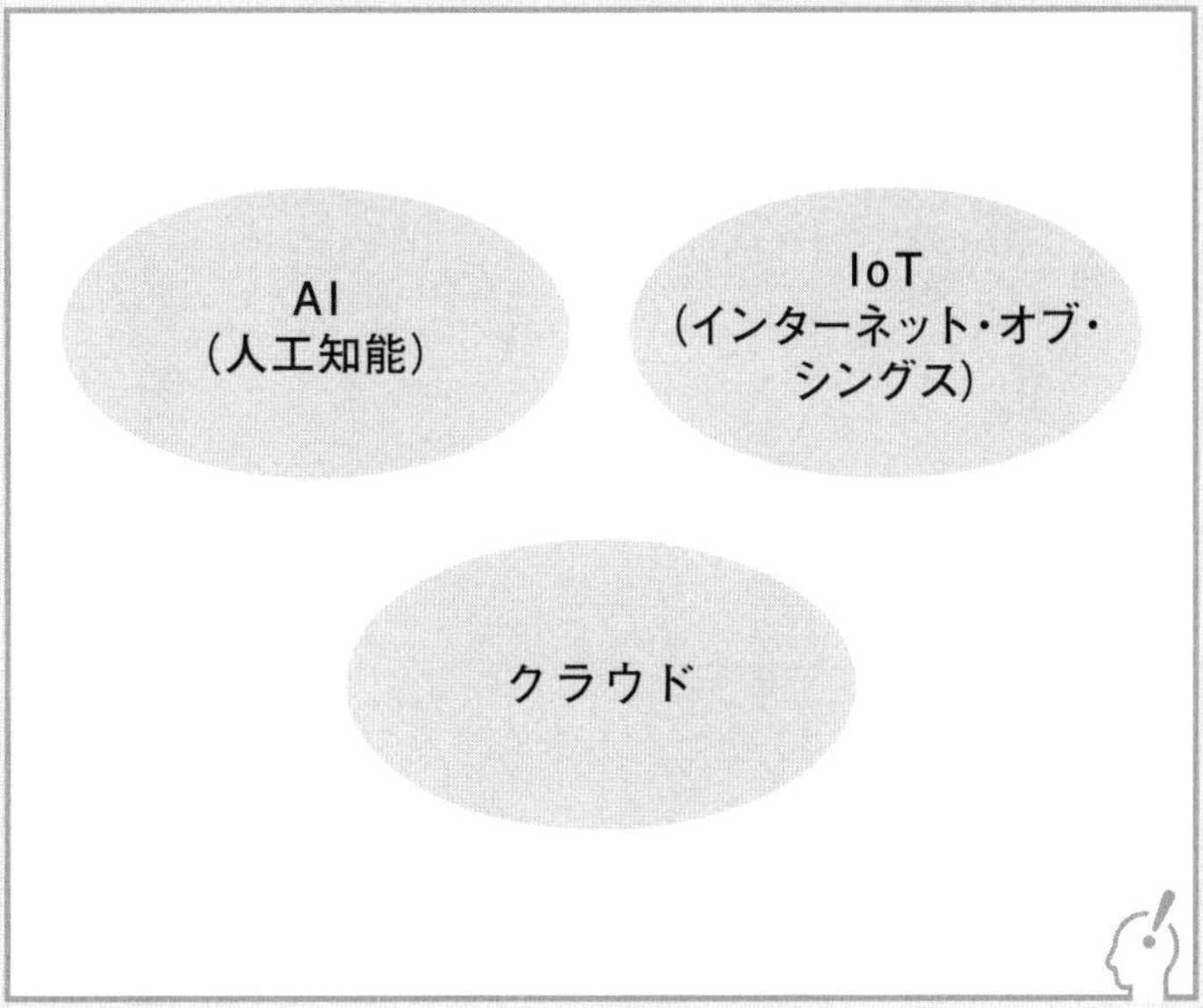

AI、IoT、クラウドの三つの技術はそれぞれが独立して存在するというよりも、インターネットでつながり互いに連携しながら機能する。

ＡＩ（人工知能）

人間と同等あるいはそれ以上の知的処理をこなす

ＡＩとは何でしょうか。さまざまな意味で用いられていますが、本書では「コンピューターを使って、人間と同等あるいはそれ以上の知的処理を実現する技術の総称」と定義します。英語の人工知能を意味するアーティフィシャルインテリジェンスの略だからＡＩで、「エーアイ」と読みます。

人間のように考えたり、判断したり、学習したりできるようにする技術・手法だととらえることも可能でしょう。人間ではありませんので、24時間365日働いてもらうことが可能です。

判断や学習に使う知識やデータ、推論エンジン、アルゴリズム、モデルなどと呼ばれる知識やデータの処理部分、知識やデータを基に処理部分を調整していく学習部分などで構成します。データの処理部分と学習部分の実態はソフトウエアです。

どんなところにＡＩが使われているのでしょうか。身近で分かりやすい例はスマホで

AIとは

**コンピュータを使って、
人間と同等あるいはそれ以上の
知的処理を実現する技術の総称**

す。ロック画面を解除する顔認証は、備え付けてあるカメラで映した顔が事前に登録した持ち主の顔と同じなのかをＡＩが判断しています。

最近では写真に撮った自分の顔を加工したり、自動で修正したりするアプリがありますが、これもＡＩを使っています。写真の自動分類も、よく使うアプリをまとめて表示するのもＡＩです。

ｉＰｈｏｎｅのＳｉｒｉ（シリ）やＡｎｄｒｏｉｄは音声認識機能を備えています。いずれもＡＩによって何をしゃべっているかを確認しているのです。アマゾン・ドット・コムのＡＩス

現在のAIの成果とは

画像認識
属性・距離・角度などの認識
画像の自動生成

自然言語処理
チャットボット
自動翻訳
文章の自動生成

音声認識
音声自動書き起こし
スマートスピーカー

データ解析
レコメンド
マッチング
将来予測
原因分析

ピーカーで使われているＡｌｅｘａ（アレクサ）も同じです。

現在のＡＩが実現する知的処理は、五感に密接にかかわります。人間が目や耳、口で実現している機能です。

現在のＡＩで最も大きな成果があったといわれるのは、人の目の能力、画像認識の領域です。モノの属性・距離・角度などを認識します。画像を自動生成するようなものもあります。

口に当たる機能は自然言語処理といわれます。この分野では自動翻訳、文書の自動生成などで成果を上げています。

耳に当たるのが、音声認識です。音

声の自動書き起こしやＡＩスピーカーなどがそうです。
ここにデータ解析の領域が加わります。レコメンドやマッチング、将来予測、原因分析などがそうです。

業務用途での利用が広がる

業務用途でもＡＩの利用は進んでいます。第1章、第2章でも触れましたが、改めて整理してみましょう。

画像認識による異常や変異の発見・確認は多くの企業が取り入れ始めています。工場の生産ラインでの画像を使った製品の異常検知、あるいは医療の世界でのレントゲンやＣＴ（コンピューター断層撮影装置）などによる病気の予測といったものがあります。こういった領域では人間を超える精度を発揮しているものもあります。老朽化した設備や社会インフラの確認に使う例もあります。

顧客の行動分析のため、店舗内の人の動きをカメラで撮影して動画をＡＩで分析する企業も登場しています。動画の分析は警備の世界でも威力を発揮します。人間が見回らなくても、想定外の動きをするものがあれば、察知し知らせることができるからです。

問い合わせに自動で答えるチャットボットの利用も広がっています。完全に人間の代わりはできなくても、よくあるパターンの問い合わせに自動回答できるようになるだけで業務効率は高まるからです。人間には到底読み切れない量の判例のような文章を読み込んで、問い合わせに対して必要な回答を提示するＡＩもあります。

スマホやＡＩスピーカーによる音声認識はすでに触れました。議事録の自動作成サービスなど実務に近い分野でも利用は進んでいます。

データ解析の例は枚挙にいとまがありません。大量のデータを即時に分析するＡＩは多くの業務で使われています。

顧客の購買履歴から顧客が興味を持ちそうな他の商品を推薦するレコメンド（レコメンデーション）は多くの企業が取り入れています。最も有名なのはアマゾン・ドット・コムでしょう。購買意欲を高めるレコメンドはＥＣ成功の重要な道具で、ＥＣはＤＸに密接にかかわるものです。

最適なデータの組み合わせはいろいろな分野で応用されています。ウーバーがライドシェアやフードデリバリーのサービスで使っているマッチングもＡＩの得意分野です。

大量の履歴書データから企業が望む人材を選ぶサービスや、製品開発で有望な素材の組み合わせを短期間で見つけるマテリアルズインフォマティクス（ＭＩ）を含めてもいいかもしれません。

需要予測などの将来予測でもＡＩが使われています。また工場の生産ラインからさまざまな情報を集めて、問題が発生した箇所の原因を分析することもあります。

コロナ禍で、ＡＩの利用はさらに加速する可能性があります。新型コロナウイルス感染症の感染拡大を避けるためには、人と人との接触を減らすのが有効です。自動化を可能にするＡＩは人と人との接触を減らせるからです。

現在のAIは第3次ブーム

現在のＡＩは第３次ブームだといわれています。

１９５０年代、初めて人工知能という言葉が使われるようになったころが第１次ブームでした。ＡＩを用いて推論と探索を行おうとしたのです。

「エキスパートシステム」という言葉が流行した１９８０年代が第二次ブームです。エ

第３次ブームまでのAIの歴史

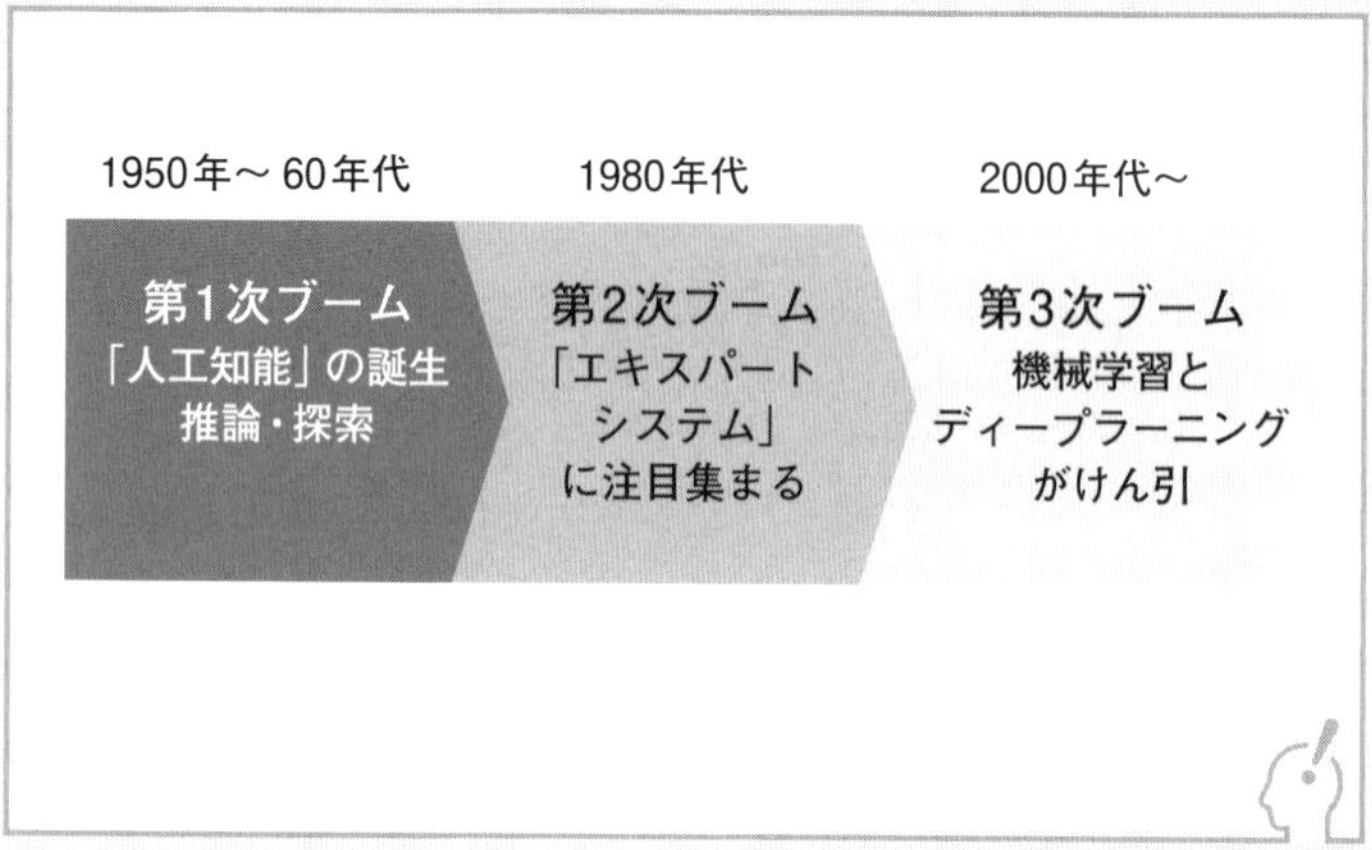

キスパート、つまり専門家が持つ知見をＡＩによって再現しようというものでした。

残念ながら第１次、第２次ブームのＡＩはアイデアこそ優れていたものの、現実には目立った成果を上げることができませんでした。第１次と第２次、第２次と第３次のブームの間には、長い冬の時代がありました。

現在に続く第３次ブームは２０００年代に入って本格化したもので、２０１０年代に入って利用が広がりました。第３次ＡＩブームの特徴は機械学習、さらにはディープラーニングという技術を用いることにあります。

すでに書いたように画像認識、自然言語処理などの領域で大きな進歩がありました。特に話題となったのは2012年、カナダのトロント大学がディープラーニングを使ったAIで、人間を超える精度の画像認識を実現させたことです。

機械学習やディープラーニングの技術自体は以前から存在しました。これらのソフトを動かすコンピューターの処理能力が上がったことで、現実に利用できるようになったのです。

一般社会からの関心が高まったのは2016年のことです。米グーグルの子会社であるディープマインドの手によるAIプログラムのAlphaGoが、当時の世界トップクラスの棋士に勝ったからです。

数年前のことですから、覚えていらっしゃる方も多いでしょう。強化学習と呼ばれる技術を使ったAlphaGoの勝利で改めてAIに関心が集まりました。

機械学習は自ら成長する

第3次ブームの原動力になった機械学習とディープラーニングについて説明します。

機械学習は、人間が言葉や常識を学習する過程を機械であるコンピューターに再現させて、データの中から知識やルールを自動的に獲得できるようにするものです。過去のデータの中から導き出した知識やルールを新たに収集したデータに適用することで、そのデータの意味や属性を認識・分類したり、未来に起こることを判断・予測したりします。

機械学習の代表的な例としては、レコメンデーションや画像認識のほか、データの分類、異常の検知などがあります。アマゾン・ドット・コムがレコメンドに、アップルがiPhoneで写真の撮影や編集にAIを活用していることはすでに書きました。

機械学習ではまず、データの背後にあると考えられるルール――「モデル」と呼びます――を生成し、そのモデルが実際のデータとどの程度適合するかを、統計的手法によってコンピューターが検証します。モデルの作成と検証を何度も繰り返すことで、実際のデータと適合する度合いが最も高いモデルを見つけ出すのです。

検証は膨大な数に及ぶことが珍しくありません。そこで重要になるのがデータです。

機械学習は、あらかじめ人間が意味づけしたデータを教師データと呼んで利用します。人間のやり方に最も適合するモデルを見つけ出す「教師あり学習」と、教師データを使わずに学習を行う「教師なし学習」に分かれます。今は教師あり学習が主流ですが、大量の教師データを集める手間を避けるため、教師なし学習の研究が進んでいます。

脳神経回路を模したディープラーニング

ディープラーニングは機械学習の一分野であり、「深層学習」ともいいます。もう少し詳しく説明すると、ニューロンと呼ばれる脳神経細胞のネットワークをコンピューターで模擬的に再現したニューラルネットワークを応用した機械学習です。一般にニューラルネットワークで認識率を高めるには、学習のために大量の教師データを入力する必要があるといわれてきました。

ディープラーニングが注目を浴びているのは、トロント大学の例のように、２０１１年ごろから画像認識、文字認識、音声認識などの認識率コンテストでディープラーニングの手法が相次ぎ圧勝し、その実力を見せつけたからでした。グーグル、フェイスブック、アップルといった企業は、ディープラーニングの研究者を競って雇用したり、企業ごと買収したりして研究開発に取り組んでいます。

ニューラルネットワークはまだ人間の脳神経に及びません。実際には、複数のニューラルネットワークを重ねたディープ・ニューラル・ネットワーク（ＤＮＮ）という技術などを使って認識の精度を高めています。

ディープラーニングの認識の流れ

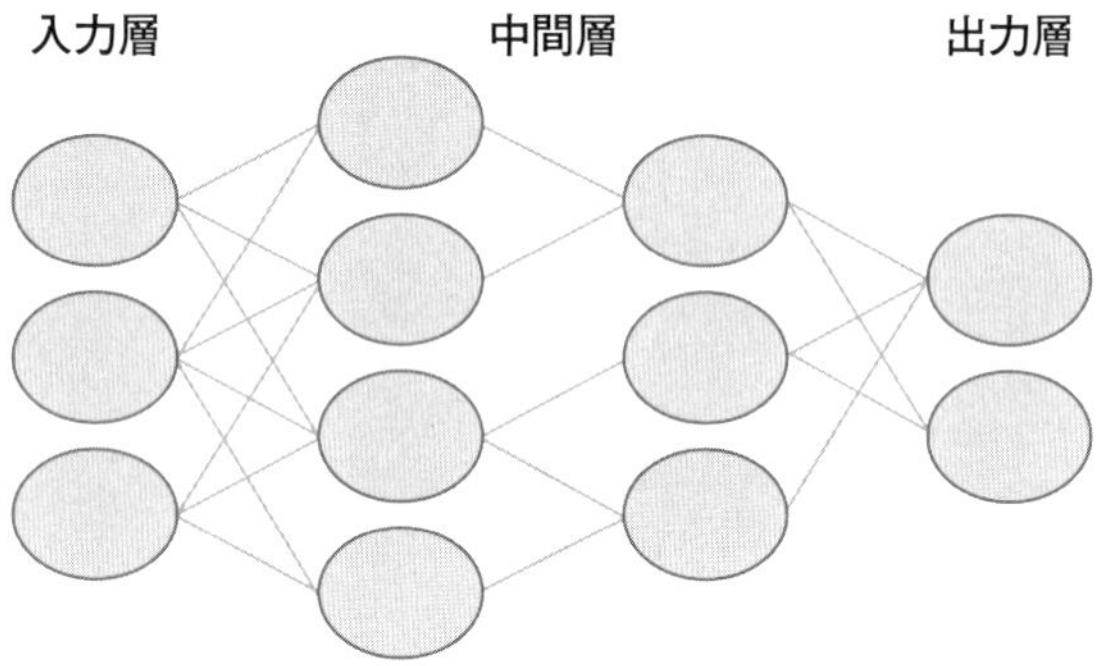

はニューロン。図はかなり単純化したもので、実際の中間層は数百、数千に達することがある

顔認識を例に、学習済みDNNによる認識の仕組みを解説しましょう。認識対象の画像データを、複数個のニューロンを並列にした第1層のニューラルネットワークに入力します。第1層の各ニューロンが出力する信号は、そのまま第2層の入力信号になります。第3層、第4層…第n層と層を重ねるうちに、入力した画像データは抽象化されていきます。顔認識なら、第1層では顔の輪郭（エッジ）の情報を抽出し、第2層では目や耳、鼻などパーツを抽出、第3層ではパーツの位置関係など全体像を抽出するといった具合です。

ディープラーニングの世界は進化が続いています。数年前、DNNを上回る精度を実現するAttention機構という技術が生まれました。

現在、Attention機構を取り入れた新たなAIが次々と生まれています。グーグルの開発したBERT（バート）や米国のOpenAI財団の開発したGPT-3などがそうです。

BERTによって、グーグル検索の結果や人工翻訳の精度が一気に高まりました。GPT-3が自動作成した文章は人間が書いたものと区別がつかないレベルに達しています。

クラウドで提供されるツールで導入が簡単に

AIの利用が広がった理由はもう一つあります。機械学習による予測分析や自然言語処理、画像・音声認識などのAIを手軽に使えるクラウドAIが登場したことです。

クラウドAIでは、ハードやソフトの購入費などの初期投資が不要になります。どれくらいのハードウエアやネットワークが必要なのかを決めるサイジングの作業もなくなります。支払う料金は変わりますが、クラウドＡＩは処理能力を簡単に増減できるので、データの大小を気にする必要がありません。

必ずしも機械学習の専門家を必要としないのもメリットです。もちろん、予測精度をギリギリまで高める必要がある分野では、データの前処理や学習のモデル調整にＡＩの専門家であるデータサイエンティストの知見は引き続き欠かせません。

それでもＡＩの導入効果を見積もる上では、クラウドＡＩは十分な力を発揮してくれそうです。あらかじめクラウドにデータを蓄積しておけば、データ移行の手間なくクラウドＡＩの分析機能を使えるのもメリットといえそうです。

最近ではＡＩ導入までの開発段階だけでなく、実際に利用し始めた後の運用保守の場面でもクラウドＡＩが使えるようになりました。

クラウドＡＩの主要なツールにはアマゾン・ドット・コムのＡＷＳ、マイクロソフトのＭｉｃｒｏｓｏｆｔ Ａｚｕｒｅ、グーグルのＧｏｏｇｌｅ Ｃｌｏｕｄの3種類に加え、米データロボットのＤａｔａＲｏｂｏｔがあるといわれています。データロボはクラウドだけでなくソフトウエアも提供しています。

ビッグデータでAIの精度が向上

スマホが普及し始めたころから、「ビッグデータ」という言葉が使われるようになりました。ビッグデータは、次々とインターネットに公開される新たな情報、世界中からSNSに投稿される文章や画像、さらにはIoTのセンサーで収集されるさまざまなデータを総称した言葉です。

従来のITシステムで管理していたものとはけた違いにデータ量が多いのでビッグデータと呼ばれました。大量のデータが精度の高いAIの実現には不可欠でしたから、AIの広がりには、ビッグデータが大きな意味を持つのです。

ビッグデータの定義はさまざまですが、調査会社の米ガートナーは、ビッグデータの条件として、ボリューム、バラエティー、ベロシティーの三つを挙げています。ボリュームとは文字通り、データの容量のことです。

バラエティーは、データの種類が多様化することを指します。ITシステムで利用する数値や文字といった定型データに加えて、画像や音声、文書といった非定型データが含まれます。ベロシティーは速度のことです。データ量の増加速度に加えて、センサーなどのようにデータが絶え間なく生み出される発生頻度の高さも指しています。

ビッグデータという言葉は以前ほど使われなくなりましたが、データ量の増加はむしろ加速しています。米IDCは、2021年3月、2020年に世界で生成されたり複製されたりしたデータの総量は64・2ゼタバイトに達すると発表しました。

聞きなれない単位ですが、ゼタバイトとは1の後ろに21個のゼロが並ぶ大きさです。スマホやパソコンの記憶容量でよく聞くギガバイトの1兆倍の量を示す単位になります。

IDCは、2025年までデータの総量は年平均23%で成長すると予測しています。この数字の通りに推移すると2025年には約180ゼタバイトのデータが生成、複製されることになります。大量のデータが生まれることでAIの精度は高まるでしょう。

AIでなくなる職業、残る職業

今後、さらにAIが我々の社会に大きな影響をもたらすのは間違いありません。

2013年、英オックスフォード大学のマイケル・A・オズボーン准教授らが発表した論文が話題を呼びました。「雇用の未来」と題された論文で、702の職業について、10

AIでなくなる職業・残る職業

AIによってなくなる確率が高い職業	コンピューターに置き換えられる確率	AIによってなくなる確率が低い職業	コンピューターに置き換えられる確率
電話販売員	99.0%	レクリエーション療法士	0.28%
時計修理技師	99.0%	機械の設置や修理に関する第一線のスーパーバイザー	0.30%
保険請求の審査担当者	98.0%	緊急事態/防災の指揮者	0.30%
弁護士秘書	98.0%	メンタルヘルス/薬物乱用に関するソーシャルワーカー	0.31%
スポーツの審判	98.0%	聴覚訓練士	0.33%

2013年に英オックスフォード大学のマイケル・A・オズボーン准教授らが発表した論文「THE FUTURE OF EMPLOYMENT: HOW SUSCEPTIBLE ARE JOBS TO COMPUTERISATION?」の内容を日経コンピュータが加工して作成

〜20年の間にコンピューターに置き換えられる確率がどの程度なのかを明記したのです。

　AIやロボットによってなくなる確率が高い職業の代表的なものとして挙げられているのは、電話販売員、時計修理技師、保険請求の審査担当者、弁護士秘書、スポーツの審判などです。いずれも99・0、あるいは98・0%の確率でなくなると予測されました。

　逆にAIによってなくなる確率が低い職業も存在します。具体的には以下の通りです。

レクリエーション療法士、機械の設置や修理に関する第一線のスーパーバイザー、緊急事態／防災の指揮者、メンタルヘルス／薬物乱用に関するソーシャルワーカー、聴覚訓練士などです。いずれも0・5％を下回っています。

オズボーン准教授らの研究では、米国では労働人口の47％が、英国では労働人口の35％が代替可能になるとしています。2015年12月には、野村総合研究所と共同で日本を対象とした推計を発表しました、結果は同様で労働人口の約49％が代替可能になるというものでした。

ただしこれらはあくまでも可能性です。規制などの問題もあって確定した未来ではありません。

一方で、ＡＩの登場によりこれまで存在しなかった新たな職業も誕生します。データサイエンティストなどＡＩ導入の専門家もそうですし、スマホアプリの開発者もそうです。

ＡＩがもたらすシンギュラリティー

職業がなくなるだけではありません。このままＡＩが進化すると、「技術的特異点」を意味するシンギュラリティーがやってくるといわれています。

もともとは米国の発明家、未来学者であるレイ・カーツワイル氏が2005年の著書で提唱した概念で、「テクノロジーが急速に変化し、それにより甚大な影響がもたらされ、人間の生活が後戻りできないほどに変容してしまうような、来るべき未来のこと」（日本語版から抜粋）と定義されます。「コンピューターの知能が人間を超えるとき」などの意味で語られることもあります。

カーツワイル氏の予言の根拠は、人類が経験してきたテクノロジーの指数関数的な進化です。集積回路上のトランジスタ数、すなわち処理能力が1年半〜2年ごとに2倍になるというムーアの法則が代表格でしょう。

このような進化は今後も続き、2029年にはコンピューターの知能が人間並みになり、2045年には全人類の知能より約10億倍強力な知能が1年間に生み出され、シンギュラリティーが到来するというのです。

この頃には、人間の機能は赤血球サイズの「ナノロボット」によって強化され、不老が実現する——。同氏の予言にはこうした内容も含まれます。

シンギュラリティーの予言が正しいかどうかは、誰にも分かりません。しかし近年の

ＡＩの急速な発展に伴い、同氏が示す２０３０年頃までの未来像は、予言ではなく「ロードマップ」と見なされ始めています。

強いＡＩと弱いＡＩという言葉があります。現在使われているＡＩは人間を超える精度を実現しますが、特定の狭い領域だけです。

特定の領域でしか使えないＡＩを弱いＡＩといいます。人間のように多様な処理が可能な汎用的ＡＩを強いＡＩといいます。まだ実用化できていませんが、現在も強いＡＩの実現に向けた研究が進んでいます。

シンギュラリティーの到来には強いＡＩの実現が不可欠といえるでしょう。

求められるその理由と倫理

利用が広がるにつれて、ＡＩには課題も見えてきました。最大のものはＡＩが何に基づいて判断を下しているのかが分からないことです。判断がブラックボックス化しています。

ＡＩはある領域については、人間以上の精度で判断したり、認識したり、予測したりできます。ですが人間とは異なり、あくまでもデータを基に複雑な処理に基づいて結果を出しているにすぎません。

ブラックボックスのままでは医療行為や保険金支払い、人材採用など人の命や生活を左右する用途では、ＡＩの導入は困難です。希望に沿わない結果を言い渡された人が説明不足だと感じたり、差別されたと思ったりする可能性もあります。

アマゾン・ドット・コムが採用活動にＡＩを試したところ、女性に不利な判断を下したとの報道もありました。同社はこのＡＩの導入を見送ったといわれています。

そこで関心が高まっているのがＸＡＩです。ＸＡＩは説明可能なＡＩを意味しており、英文表記のエクスプレイナブル・アーティフィシャル・インテリジェンスを略したものになります。読み方は「エックスエーアイ」です。

ＸＡＩの技術を用いれば、ＡＩがなぜその判断を下したのか理由が分かるようになります。理由が分かれば適切なのかどうかを、人間にも判断できるでしょう。

多くの研究機関や企業がＸＡＩの実用化に乗り出しています。人間が安心できるだけでなく、判断根拠が分かるようになれば学習データの整備やアルゴリズムの改善にも役立つため、開発競争が加速しているのです。

AI倫理の確立が進む

ＡＩが社会で安全に使われるための規範であるＡＩ倫理の整備も進んでいます。ＡＩによって不当な差別やプライバシーの侵害、人命に対する脅威などの問題を起こさないようにするための指針となるものです。

ＡＩが広く使われるためには、社会のルールや倫理に反しないことが求められます。そこで、ＡＩの開発を進める企業などがＡＩ倫理の策定に取り組んでいます。実際に個人情報を適切に扱うプライバシー保護に加えて、ＡＩの公平性や透明性、説明責任などをＡＩ倫理として示す企業が増えています。国内でも、ＡＩ倫理に関する指針を公表する企業が登場しています。

ＡＩ倫理の規定では、ＡＩの設計や研究開発、運用、社会での活用における基本的な方針などを定めます。ＡＩの判断結果に人種や性別などによる偏りが生じる可能性を考慮して個人が不当に差別されないようにする公平性、判断結果の根拠を説明・検証できる仕組みを構築する透明性、ＡＩの学習データなどについて個人情報を適切に扱うプライバシー保護などが実践項目として掲げられるのが一般的です。

日本政府は、総務省や内閣府が中心になってAI倫理や法的課題をまとめたAI利活用の指針を定めました。総務省の情報通信政策研究所が2017年に「AI開発ガイドライン案」を、2018年には「AI利活用原則案」を公表しました。内閣府は2019年に「人間中心のAI社会原則」を公開しています。

IoT

モノがネットにつながって生まれるさまざまな可能性

IoTはインターネット・オブ・シングスの略であり、日本語ではよく「モノのインターネット」と表現されます。読み方は「アイオーティー」になります。

IoTも幅広い概念ですが、本書では「全てのモノがIoTの対象であり、これらがネットを経由して情報をやり取りすること」と定義します。

センサー、スマホ、家電、自動車、大型機械、飛行機や船、果ては住宅から工場まで、とにかくモノであるなら全てがIoTの対象です。これらのものがネットを経由して情報

IoTとは

「モノのインターネット」。
全てのモノがIoTの対象であり、
これらがネットを経由して
情報をやり取りすること

をやり取りするのがＩｏＴです。そしてモノがネットにつながることでさまざまな可能性が生まれます。

米ＩＤＣは２０２０年７月に、２０２５年には全世界で５５７億個のモノがインターネットに接続されるとの予測を発表しました。

現在の世界の総人口が78億人程度ですから、これをはるかに上回る数のモノがネットにつながる時代が到来するのです。

市場も巨大です。ＩＤＣの日本法人であるＩＤＣ Ｊａｐａｎは、２０１９年の国内のＩｏＴ市場規模は７兆２５８億円であり、２０２４年には

11兆4697億円に達すると予測しています。

最初にIoTが提唱されたのは1999年のことでした。無線IDタグの専門家のケビン・アシュトン氏によるものだといわれています。

以前は、ほぼ同じような意味でM2Mという言葉を使っていました。M2Mはマシン・ツー・マシンの頭文字をとったもので、機械から機械へといった意味になります。

このほかにもIoTの類語として、トリリオンセンサーがあります。トリリオンセンサーは1兆個のセンサーという意味です。

データを収集し、必要に応じて自動で動く

IoTで何が可能になるのでしょうか。

遠隔地を含め、人間が不在でもセンサーを通じて何が起こっているのかのデータを収集できるようになります。画像、動画、音声、回数、移動、座標、温度、などデータの種類はさまざまです。

場所は地上かも空中かも水中かもしれません。人間や動物のデータを記録するIoTも

あります。しかもデジタル化されていますから、多様な形での分析が可能です。

ＡＩについて説明する際に、目や耳、口で実現している機能を備えると書きました。これになぞらえるなら、ＩｏＴは視覚であり聴覚であり嗅覚であり触覚のようなものだといえます。

同時にＩｏＴは人間が不在でもモノが動いてさまざまな活動を可能にします。人に例えれば腕であり足です。ロボットやドローン（無人飛行機）、自動運転車などの物理的に動く分かりやすい例はもちろん、家電や家、あるいは生産機械、工場などもそうです。

一定の条件を満たせば、それに応じて自動で適切な処理を実行するのです。難しい書き方になりましたが、簡単な例でいえばある温度以上になれば自動でエアコンが入るようなものがそうです。

データの収集とモノの動きは独立したものではありません。収集したデータによってどう動くべきかが決まり、動いた結果が新たなデータにつながります。ＡＩがＩｏＴの動きに知性を与えるのです。

ＩｏＴは１台１台のモノだけを対象にするわけではありません。複数の異なる種類のモノを制御することで、より複雑な動作が可能になります。

第1章でコマツのデジタルトランスフォーメーション・スマートコンストラクションに触れました。このサービスは4種類のデバイスと8種類のアプリを組み合わせています。

OTとITを統合するスマートファクトリー

ここからはIoTが力を発揮する注目の領域を紹介します。具体的にはセンサーで稼働状況を把握するスマートファクトリー、通信機能を備えるスマート家電、センサーで健康状態を把握するウエアラブル端末、監視から物流、農業まで期待の集まるドローン、自動運転車です。

スマートファクトリーは、IoTをはじめとする最新のITを利用した工場を指した言葉です。スマート工場とも呼びます。第1章の製造業DXでも触れましたが、多くのメーカーがスマートファクトリーによって生産性を向上させようとしています。

製造業では従来、MES（製造実行システム）など工場の生産ラインを制御・計測するOT（オペレーショナルテクノロジー）と、ERP（統合業務管理システム）など生産の計画・実績情報を管理するITが分かれており、工場では主にOTに関する自動化と

IoTが力を発揮する注目の領域

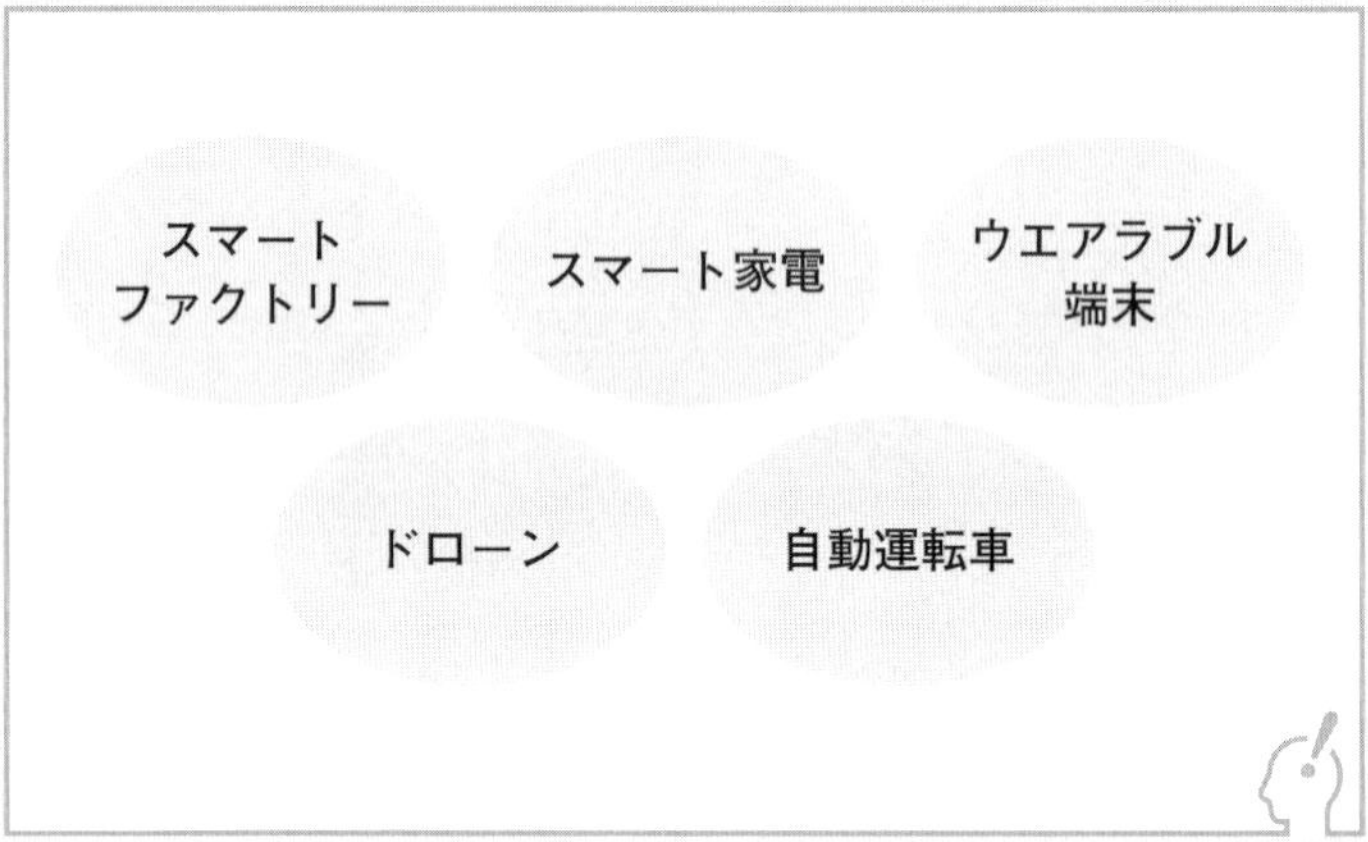

IoTが力を発揮する領域は多岐にわたる。センサーで稼働状況を把握するスマートファクトリー、通信機能を備えるスマート家電、センサーで健康状態を把握するウエアラブル端末、監視から物流、農業まで利用の広がるドローン（無人飛行機）、自動運転車などは注目の領域だ。

効率化を進めていました。スマートファクトリーではOTとITの融合を目指します。

センサーで収集したデータを蓄積・分析し、その結果を工場内の生産性や品質の向上に生かすのです。さらに複数の工場や企業で結果を共有して、取引先を含むサプライチェーン全体の競争力を引き上げます。

経済産業省中部経済産業局が2017年に公表した「スマートファクトリー

ロードマップ」は、IoTの活用度合いを、データを収集・蓄積するレベル1、データを基にした分析・予測が可能なレベル2、データによる制御・最適化まで実現するレベル3の3段階で示しています。まだレベル3にまで達した日本企業は多くありません。

通信機能を備えるスマート家電

通信機能が備わるだけで家電の可能性は一気に拡大します。分かりやすいのはスマホを使った遠隔操作でしょう。

家の外にいても家電を操作できるようになれば、従来よりもずっと効率的に家事をこなせるようになります。撮影した室内の様子がスマホから確認できるスマートカメラは外出の自由度を高めました。

遠隔操作できるスマートロックの利用者も増えています。カギのかけ忘れに悩むこともなくなるのです。

センサーでさまざまな情報を集め、クラウドと情報をやり取りすることで、使い勝手は向上します。電子レンジなどはスマート化することで、より簡単に料理が作れるようになります。

スマート家電の市場全体に影響を与えそうなのがＡＩスピーカーで、「スマートスピーカー」とも呼ばれます。音声で操作できるＡＩスピーカーには大きな可能性があります。

現在でも、適切に設定しておけば、ＡＩスピーカーに命令して、エアコンや照明を操作できますが、今後はより複雑な処理が可能になるでしょう。スマート家電全体を制御する存在になるわけです。消費者に望まれる商品・サービスかどうかだけでなく、ＡＩスピーカーといかに連動しやすくするかどうかで、市場での受け入れられ方が変わってくるかもしれません。

米ＩＤＣは２０２０年9月、２０２０年に8億５４００万個以上のスマート家電の出荷が見込まれており、２０２４年には14億個以上に拡大すると発表しました。

ウエアラブル端末で健康管理

身に付ける端末がウエアラブル端末です。種類は多様です。腕に身に付けるスマートウオッチ、眼鏡を高機能化したスマートグラスのほか、衣服や下着、靴などもインターネットにつながればウエアラブル端末になります。

以前はポストスマホになり得る存在として注目が集まっていましたが、最近では人間の健康管理に有用な端末という認識が高まっています。身に付けてさえいれば、24時間365日、人間の健康状態を観察できる点が評価されているのです。

好例はＡｐｐｌｅ Ｗａｔｃｈです。当初はｉＰｈｏｎｅに無線で接続して使う腕時計型の超小型コンピューターとして誕生しましたが、健康状態を管理する端末としての機能がどんどん強化されています。

最新のＡｐｐｌｅ Ｗａｔｃｈは心拍数を記録する心電図機能や血中酸素濃度の測定機能を備えており、医療機器として承認されています。心電図機能では普段、我々が意識することのない不整脈の有無などが分かります。血中酸素濃度は、新型コロナウイルスを原因とする無症状の肺炎を検知するのに有用だといわれることがあります。

産業用途で広がるドローン

ドローンは搭載したセンサーやカメラを使って周囲の様子や機体の状況を把握し、ソフトで姿勢制御しながら飛行します。無線による遠隔操作のほか、ＧＰＳなどで位置を測定し、あらかじめ設定した飛行経路を自動航行できる機種もあります。

固定翼で滑空する機種もドローンと呼ばれますが、離着陸時に滑走する必要がないというメリットから、複数のプロペラを搭載する機種が主流です。プロペラの回転音が、ドローンと呼ばれる雄のミツバチの羽音に似ていることが、語源とされています。

家電量販店で販売している消費者向けの簡易なモデルから軍事用途まで、さまざまな機種があります。大きさは手の平に載る数センチ大から1メートル超のものまであります。

２０１３年にアマゾン・ドット・コムが宅配サービスにドローンを利用する計画を発表したことをきっかけに、産業用途での活用に注目が集まりました。すでに災害時の調査、設備の点検、警備、監視などで活用されています。

無人の空中輸送は産業用ドローンの本命と見られていますが、日本での実用化にはもう少し時間がかかるでしょう。設備の点検や警備以外では、農薬の散布など農業などの第一次産業でＩｏＴの成果が出ています。

変わったところでは大量のドローンを使った空中ショーがあります。コンピューターで制御することで数百台、数千台が光を発しながら一糸乱れぬ動きを空中で見せます。花火をDXしたようなものだといえるかもしれません。

巨大市場を誕生させる自動運転車

自動運転車は、運転操作の一部または全てをコンピューターが制御する自動車です。トヨタ自動車や日産自動車、米ゼネラルモーターズ（GM）などの自動車メーカー大手に加えて、米グーグルや中国バイドゥなどのIT企業が商用化を目指し、開発や実証実験を進めています。

自動運転車が普及すれば、人間の運転者の判断ミスによる事故が減ります。それだけでなく人やモノを輸送する商用車を自動運転車にすれば、人件費を削減できるメリットも見込めるでしょう。大きな可能性があり巨大な市場が誕生するはずです。

米運輸省道路交通安全局（NHTSA）は、自動運転車のレベルを4段階で定義しています。最も低いレベル1は、自動車のアクセル、ハンドル、ブレーキをそれぞれ独立にコンピューターが制御する場合、レベル2は二つ以上を連携させて制御する場合を指します。

レベル３は「半自動運転」で、アクセル、ハンドル、ブレーキの全てをコンピューターが制御するが、緊急時などは人間の運転者が操作する必要があります。最も高いレベル４は「完全自動運転」で、人間の運転者は運転に一切関与しません。

政府が２０２０年７月に発表した「官民ＩＴＳ構想・ロードマップ２０２０」で、自動運転システムの市場化・サービス実現期待時期が公表されています。これによれば自家用車による高速道路でのレベル３の自動運転は２０２０年が、レベル４は２０２５年がメドとされています。

２０２１年３月には、１００台限定ではありますがホンダがレベル３の自動運転車を発売しました。想定よりは遅れ気味ですが、確実に自動運転の時代は近づいています。

自動運転車を実現するためには、運転者の代わりに周囲の状況を認識するカメラやセンサー、３次元の地図データベース、センサーや地図情報から状況を判断してアクセルやハンドル、ブレーキを制御するＥＣＵ（電子制御ユニット）に命令を伝えるソフトウエアなどが不可欠です。ＩｏＴとして非常に高度な存在です。

自動運転車を実現する上で鍵を握るのはソフトです。ＡＩを使って、周囲の車両や歩行者などの状況や信号の変化といった大量のデータをリアルタイムに処理し、適切に判断する必要があります。

自動運転の対象は自動車だけではありません。世界中で、自動運転船や自動運転飛行機の開発も進んでいます。

IoTプラットフォームを使う

インターネットにつながったモノがあればIoTが動作するわけではありません。つながっているモノの管理やデータの収集などができるシステムがなければ機能しません。

IoTを利用する際に、一からシステムを作っていくのは非効率です。IoTプラットフォームと呼びますが、IoTを導入しようとした場合に必要になる機能をまとめて提供する企業が登場しています。

具体的には、モノの制御、モノが集めたデータの管理、分析といったものが基本になります。IoTの活用を想定したシステムを開発するためのソフトウエアや、デバイスの制御機器といったハードウエア、クラウドサービスなどの製品群で構成します。

これらの製品群がシステム開発の提供基盤として体系化され、ユーザーに提供されるのです。初期投資を抑えられる、構築期間を短縮できる、といったメリットがあります。

IoTプラットフォームを提供している企業はいくつかに分類できます。一つはアマゾン・ドット・コムやマイクロソフトのような大手クラウド事業者です。両社は次節で説明するPaaSという種類のクラウドサービスで、IoTプラットフォームを提供しています。

大手のIT会社も積極的です。ネットワーク機器大手の米シスコシステムズはCisco Kineticを販売しています。日本企業では、日立製作所が、成長戦略の中核と位置付けた自社製IoTプラットフォームのLumada（ルマーダ）の拡販に力を入れています。

工作機械メーカーもこの分野に参入しています。ファナックは以下で説明するエッジでの処理に重点を置いたIoTプラットフォームの「FIELD system」を提供しています。

関心集まるエッジ

ＩｏＴが広まるにつれてよく使われるようになった言葉に「エッジ」があります。正確には「エッジコンピューティング」です。

エッジは端という意味ですが、ここではネットワークのこちら側を意味します。エッジコンピューティングでは、エッジ側で動作するエッジサーバーがデータの収集や処理を担います。ネットワークを経由してクラウドでデータを収集して処理する場合に比べ、通信の遅延防止や通信量の低減などが見込めるのが特徴です。

一方でエッジ側に処理を集中させようとすれば必要なコンピューターがどんどん大きくなります。導入コストや管理の問題なども発生しますから、現実にはエッジとクラウドを併用する形が増えています。例えばエッジサーバーでデータを処理した結果をクラウド側で動作するアプリケーションに受け渡すといった形態です。

エッジのシステムに求められる機能は大きく四つあります。現場に設置されているセンサーやデバイスといった機器から収集したデータをデジタル化してクラウドへと送信するコネクティビティー機能、音声や映像のような非定型データなど、多種多様なデータの最

エッジとは

クラウドや離れた場所ではなく、
IoTデバイスなどに近いネットワークの
末端でデータの処理を実行する
技術や考え方

適化処理の機能、センサーやデバイスからのデータを分析して必要な場合はすぐに現場の機器に反映できる高速化機能、工場などの過酷な環境にも対応できるセキュリティーと保守性です。

エッジの適用分野は多岐にわたります。

例えば建設分野では、工事現場の様子をドローンで撮影し、撮影した映像を基に工事の進捗を可視化する用途が挙げられます。撮影した映像をエッジのサーバーで処理してからクラウドに送信することで、通信量が抑えられます。

エッジとクラウドを併用し、分散し

てＡＩの処理を実行する構成もエッジの典型です。クラウド側の学習機能とエッジ側の判定・予測機能のＡＩが協調して処理を実行するケースがあり得ます。

エッジでは、データの収集やデジタル化、データの抽象化、極小化などにＡＩを利用し、クラウドにデータを送信します。クラウドのＡＩではデータの可視化や分析、予測を実行するのです。判別モデルを更新したらエッジのＡＩに実装し、判定や予測、リアルタイム制御をエッジで実行できるようにします。

セキュリティーやプライバシー保護にもエッジは有用です。例えば監視カメラの映像といった個人を特定できるデータをクラウドへ送信すると、情報漏洩のリスクが高まりかねません。エッジでデータを処理・加工して匿名性を確保したデータだけをクラウドに送るようにすれば、漏えいのリスクが軽減します。

自動運転のように、リアルタイムの反応が必須の場合もエッジが欠かせない存在になるでしょう。

ＬＰＷＡはＩｏＴ専用の通信サービス

ＩｏＴを利用する際に重要なのは通信環境です。常にインターネットにつながることで適切なタイミングで適切な情報がやり取りできるからです。

ただここには問題がありました。これまでの通信を利用する際に発生するコストが、ＩｏＴ利用の妨げになっていたのです。みなさんが利用されている携帯電話の料金を思い出してください。毎月、数千円はかかっているのではないでしょうか。

１台、２台の端末で利用するなら月額数千円のコストは気にならないかもしれません。ですが、数千台、あるいは数万台の端末を接続する場合、通信料が年間数億円レベルに達する可能性もあります。

この問題を解決するＩｏＴ向けの無線通信サービスが生まれています。ＬＰＷＡといいます。ローパワーワイドエリアの頭文字をとったもので、低消費電力で広い地域を対象にするからＬＰＷＡです。

通信料金の安さもＬＰＷＡの魅力です。１年間の利用料が１００円程度というサービスもあります。ただし欠点もあります。通信速度が遅いのです。

LPWAとは

IoT向けに特化した無線技術。
LPWAはローパワーワイドエリアの
頭文字を取ったもの。
低消費電力、長距離通信、低料金が特徴。
ただし通信速度は遅い

速度は毎秒数百キロビット程度までで、動画をやり取りするような通信には使えません。低速だからこそ、低消費電力で長距離の通信が可能になるのです。

ＬＰＷＡを実現する技術は一つではありません。大きくは通信事業者の免許が不要な「非セルラー系」と、免許が必要な「セルラー系」に分けられます。

非セルラー系の代表的技術はＬｏＲａＷＡＮとＳｉｇｆｏｘです。免許が要らないので、ＬｏＲａＷＡＮは無線ＬＡＮのように自社で機器を買ってネットワークを構築できます。

一方、セルラー系は携帯電話事業者がサービスとして提供しています。主要なものとしてLTE-MとNB-IoTの二つがあります。どちらも4Gといわれた既存の通信サービスで用いている基地局を利用できるのが大きなメリットです。

5GもIoTを後押し

日本でも2020年にスタートした、最新の移動体通信方式である5GもIoTに影響を与えます。5Gは第5世代の意味で、「ファイブジー」と読みます。

5Gの機能面の特徴は三つあります。

一つは通信速度です。ピーク時の実効通信速度は毎秒10ギガビット（bps）になります。これまで主流だった4Gと呼ばれる通信の100倍の速度です。将来的には20ギガbpsへと高まるといわれています。

大量のデータを通信できるメリットを感じやすいのが動画配信サービスです。今やテレビよりもはるかに高画質の動画をスマホで見ることができるのも、大量のデータをやり取りできる通信技術があってこそです。

5Gが備える特徴

高速通信
毎秒10ギガビット（bps）で、4Gの100倍の速さ

低遅延
目指すのは1ミリ秒で、4Gの10分の1程度の水準

同時多接続
目指すのは1平方キロメートルあたり最大100万回線で4Gの100倍

二つ目は遅延の少なさです。無線で接続する区間は１ミリ秒と、４Ｇの10分の１程度の水準を目指しています。

一般にロボットなどを遠隔操作する際は、遅延が20ミリ秒を超えると違和感を覚えるようになるといわれます。公道を走る自動運転車を遠隔制御するといった用途では、遅延時間をさらに短くする必要があります。５Ｇはこうしたニーズへの対応も期待されています。

三つめは同時接続回線数の多さです。５Ｇは１平方キロメートルあたり最大１００万回線を目指します。

これは4Gの100倍の数です。スポーツや音楽イベント会場などで多数のユーザーが同時にスマホで動画視聴するケースや、工場内の設備一つひとつに5G対応のモジュールを装着して状態を管理する場合などに対応しやすくなります。

企業のIoT利用に関しては、ローカル5Gも大きな影響を与えそうです。ローカル5Gは、一般企業によるプライベートの5Gネットワークです。

通常の5Gは、携帯電話事業者が全国で基地局免許を取得して電波を出し、企業を含む一般消費者向けに提供するものです。これに対してローカル5Gは、一般企業が基地局免許を取得し、自社だけに向けて電波を出します。

企業には「公衆のネットワークを使わずに自営のネットワークを持つ」という考え方があります。「セキュリティーのリスクを減らしたい」「常に一定の帯域を確保したい」「緊急時の通信手段を確保したい」「柔軟なネットワーク設計を可能にしたい」などのニーズに応えるのが目的です。

クラウド

インターネット経由でハードやソフトを利用

クラウドも幅広い意味で使われる言葉ですが、本書ではクラウドを「自前でコンピューターを持たず、インターネット経由でハードやソフトを利用すること」と定義します。クラウドは正式には「クラウドコンピューティング」といいます。クラウドは英語で「雲」の意味です。

インターネットの向こう側に巨大なコンピューター群があり、その力を利用したさまざまなサービスを利用するというイメージでしょうか。２０００年代後半から急速に利用が広がりました。

今では、クラウドを使うのが主流になりつつあります。クラウドに対して、自前でハードを持つ自社所有型のＩＴシステムの運用を「オンプレミス」と呼びます。

初めてクラウドコンピューティングという言葉を使ったのは当時、グーグルのＣＥＯだったエリック・シュミットだといわれています。２００６年に開かれたあるイベントで

クラウドとは

**自前でコンピュータを持たず、
インターネット経由で
ハードやソフトを利用すること。
正式には「クラウドコンピューティング」という**

のスピーチで飛び出しました。

グーグルの検索サービスはクラウドの典型です。検索サービスを利用するために自前でコンピューターを持っている人はほとんどいないでしょう。ネットの向こう側でグーグルが保有するコンピューターの力を使って検索しているわけです。

当初、自前のハードを使わないクラウドに対して、セキュリティーなどの面で不安の声が多かったのは事実です。初期からクラウドを使っていたのは、オンラインゲームのような、利用者が急拡大するネット系のサービスが中心でした。

利用者が増えるうちに便利さが伝わり、これまでは自前のハードでしか利用していなかった領域でも利用が広がっていきました。今では、基幹系と呼ばれる旧来からのITシステムをクラウドに移行させる例が珍しくありません。

日本では、2017年の三菱UFJフィナンシャル・グループのクラウド採用宣言が一つのポイントでした。メガバンクが採用すると聞いてこれに続く企業が多かったのです。

安く、早くスタートできる

クラウドはどうしてDXを加速するのでしょうか。最大の理由は、クラウドによって早く安く、新たなサービスをスタートできるからです。

クラウド以前と比較すればよく分かります。デジタルの新サービスを提供しようとすれば、まずサーバーと呼ばれる業務処理用のコンピューターを買い求める必要がありました。サーバーを入手するのに時間がかかります。ものによっては発注から1カ月、あるいは数カ月後にようやく手元に届くこともあったといいます。

届いただけでは利用できません。ソフトウエアをインストールする必要があります。ネットワークにも接続しなければなりません。テストして問題がないと確認できてやっと利用できます。

一度だけならまだいいのですが、利用者や利用量が増えた場合に、当初のサーバーだけでは処理能力不足に陥ることがあります。能力不足を解消しようとすれば、また同じようにサーバーの手配から始める必要があります。

クラウドならこんな手間はありません。手元のパソコンから、利用するクラウドの管理画面にアクセスすれば、簡単に処理能力を高められます。クラウドに合わせた「コンテナ」と呼ばれる方法を使えばソフトウエアのインストールもごく短時間で終わります。

状況の変化に対する速さが全く違うのがご理解いただけるでしょう。

コスト、正確には初期導入コストの低さもクラウドの魅力です。クラウド以前のハードやソフトは価格を購入時に一括して支払うのが一般的でした。

クラウドは、一定期間ごとの利用量に応じて使用料を支払います。契約の仕方によりますが、使用量が少なければ利用料は減ります。

長く使い続けると一括ライセンスの購入代金より高くなることもありますが、スタートアップのような企業だけでなく、ＩＴ投資を抑えたい多くの企業に評価されました。資産

サービス形態によるクラウドの3分類

SaaS（ソフトウエア・アズ・ア・サービス）
アプリケーションをクラウド化

PaaS（プラットフォーム・アズ・ア・サービス）
ハード＋アプリケーション開発機能をクラウド化

IaaS（インフラストラクチャー・アズ・ア・サービス）
コンピューター、記憶装置などをクラウド化

計上する必要もありません。

機能で3種類に分かれる

一言でクラウドといいますが、提供する機能によって3種類に分けることができます。具体的にはIaaS、PaaS、SaaSの三つです。

まずIaaSから説明します。IaaSはインフラストラクチャー・アズ・ア・サービスの頭文字を取ったもので、コンピューターやストレージと呼ばれる記憶装置などの機能をクラウド化したものです。「イアース」や「アイアース」などと発音します。

世界の主要なIaaSサービス

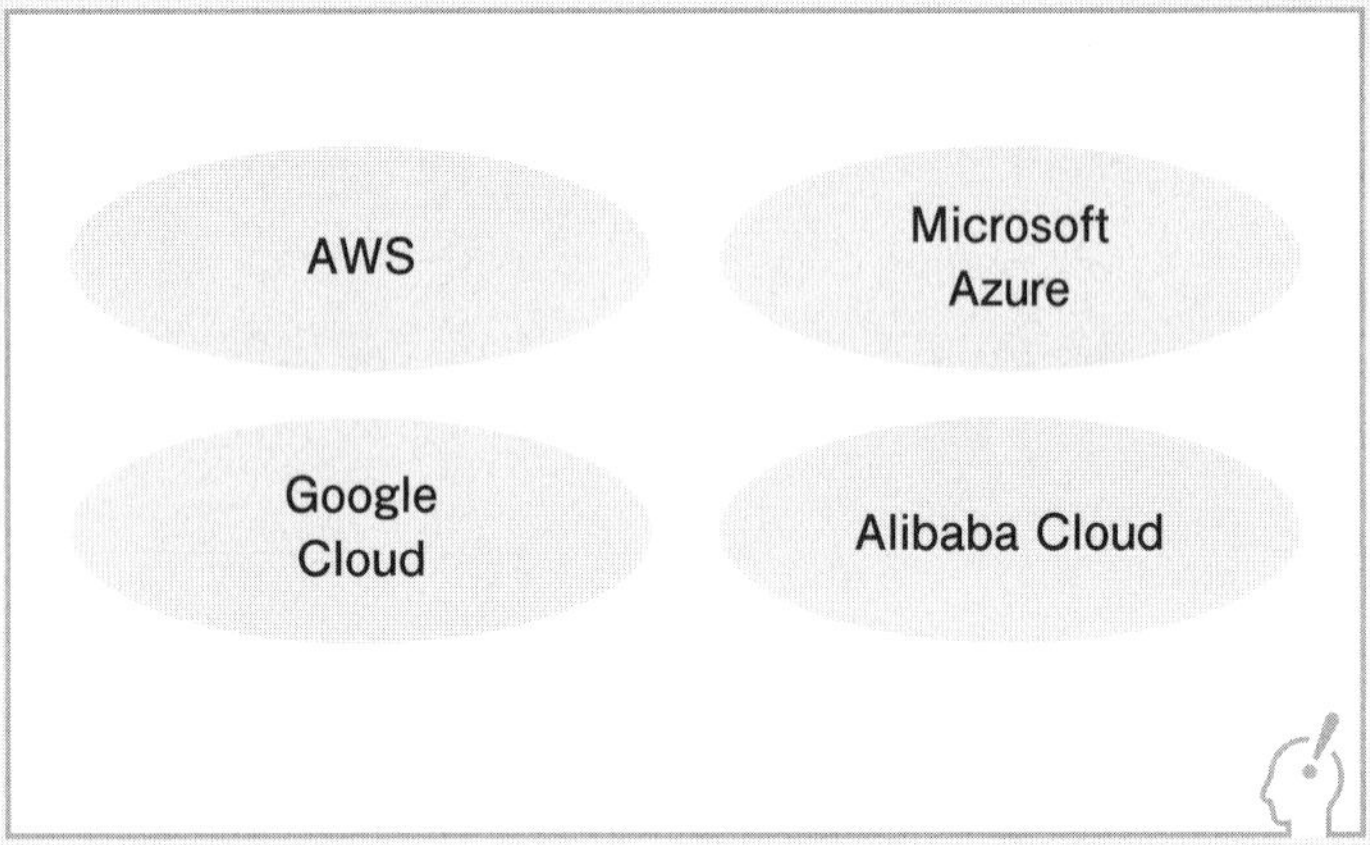

アマゾン・ドット・コムが提供するAWS、マイクロソフトのMicrosoft Azure、グーグルのGoogle Cloudという米国勢に加え中国のアリババグループの企業が提供するAlibaba Cloudで四強を構成する。

ＩａａＳでコンピューターを利用する際には、物理的に１台ずつのコンピューターを使うわけではありません。仮想マシンと呼びますが、仮想化という技術と組み合わせて、１台を仮想的にいくつにも分割して使うのが一般的です。この技術によってコストを下げることができます。

仮想マシンは一般に、演算処理を担う半導体のＣＰＵとメモリー、ストレージ、ネットワークの性能のバランスを取った汎用タイプ、ＣＰＵ性能を重視したタイプ、メモリーの容量や性能を重視したタイプ、ストレージやネットワークの性能を重視したタイプなど多様なバリエーションが準備されています。ユーザーは仮想マシンのタイプに加えて、仮想CPUの数やメモリーの容量、さらにはWindowsかLinuxなのかといった形で使いたいOSを選べます。

IaaSでシステムを動かす場合は、仮想マシンやネットワークなどを利用者自身が細かく設定する必要があります。手間がかかる半面、自社環境と同じような構成にできるので、従来のシステムをそのままクラウドに移行させやすいという利点があります。

IaaS分野では、日本では米国の三つの企業が主要なプレーヤーとして紹介されるのが一般的でした。市場のリーダーは、第2章で触れたアマゾン・ドット・コムが提供するAWSです。米マイクロソフトのMicrosoft Azureが2番手で、これを米グーグルのGoogle Cloudが追いかけます。

ただ最新の世界シェアを見ると上記の3社に加えて、中国の大手EC事業者であるアリババの子会社によるAlibaba Cloudを含めて4強と理解するのが適切なようです。Alibaba Cloudは日本に上陸していますが、まだ3社ほどの存在感は示せていません。

これら４社以外に、企業向けＩＴ大手の米ＩＢＭや米オラクルもＩａａＳを提供しています。国内では、富士通やさくらインターネットなどが提供事業者になります。

クラウド独自の形態がＰａａＳ

ＰａａＳはプラットフォーム・アズ・ア・サービスの頭文字を取ったもので、ハードとアプリケーションの開発機能をクラウド化したものです。「パース」と発音します。

ＰａａＳでは一般に、アプリを動作させるための汎用的なソフトウエア部品の集まりである「アプリケーションフレームワーク」などに加え、仮想マシンやストレージ、ネットワークなどのインフラストラクチャーを一体として提供します。アプリケーションフレームワークのように、ＯＳでもアプリでもありませんが、ＩＴシステムを動かすのに必要なソフトをミドルウエアと呼びます。

ＩａａＳと異なり、利用者は簡単な設定をするだけで、システムを稼働させるためのプラットフォームを作成できるようになります。クラウド独自の形態といえるでしょう。

ＰａａＳにはＧｏ、Ｊａｖａ、ＪａｖａＳｃｒｉｐｔ、ＰＨＰ、Ｐｙｔｈｏｎ、Ｒｕｂｙ

といったコンピューターの開発言語によるプログラムの実行環境を提供するシンプルなサービスのほか、データベース管理システムのようなミドルウエアの機能をクラウド化したものもあります。第4章のAIとIoTで取り上げたクラウドAI、IoTプラットフォームはいずれもPaaSです。

PaaSの多くは、利用している仮想マシンのサイズや台数を負荷に合わせて動的に変更したり、障害で停止した仮想マシンを削除して新しい仮想マシンを立ち上げたりするといった運用管理の自動化機能を提供しています。これらのサービスは「マネージドサービス」と呼ばれています。

PaaSの有力な提供事業者はIaaSとそれほど変わりません。AWSやマイクロソフト、グーグル、アリババ系に、次項で説明するSaaSの有力事業者の米セールスフォース・ドットコムを加えるといいでしょう。

IBMやオラクルもそうですし、日本ではIT企業のサイボウズがkintoneというPaaSを提供しています。

ＳａａＳはアプリケーションをクラウド化

ＳａａＳはソフトウエア・アズ・ア・サービスの頭文字を取ったもので、アプリケーションをクラウド化したものになります。「サース」あるいは「サーズ」と発音します。ＳａａＳという言葉が登場するまでは、アプリケーション・サービス・プロバイダーの頭文字を取ったＡＳＰと呼ばれていました。

利用する企業にとってのメリットは、大きく二つあります。一つは、アプリケーションを動作させるＯＳやミドルウエア、サーバーを自社で保有したり管理したりする必要がないこと。もう一つは、すでに稼働しているアプリケーションであるため、導入期間が短くて済むことです。

ＳａａＳには、さまざまな種類があります。検索エンジンやＧｍａｉｌ、サイトアクセス分析ツールなどを提供しているグーグルは、ＩａａＳ、ＰａａＳだけでなくＳａａＳの大手企業でもあります。マイクロソフトも同様です。

この分野ではＡＷＳの存在感はあまり高くありません。グーグル、マイクロソフトの2社以外でよく名前が挙がるのはセールスフォース・ドットコムです。

同社は、Ｓａｌｅｓｆｏｒｃｅという有力な顧客管理のＳａａＳを持っています。クラウド時代をけん引した企業の1社として知られています。

テレワークの進展で一気に知名度が向上したＺｏｏｍや、ファイル共有サービスのＤｒｏｐｂｏｘ、メッセンジャーのＳｌａｃｋなども世界的に利用者の多いＳａａＳです。

利用者の多さで言えば、マイクロソフトのＭｉｃｒｏｓｏｆｔ ３６５とグーグルのＧｏｏｇｌｅ Ｗｏｒｋｓｐａｃｅを忘れるわけにはいきません。どちらもオフィスソフトをクラウド化したものです。

市場の拡大につれ、以前はソフトウエア専業だった、独ＳＡＰやオラクルといった大手企業もＳａａＳ事業を展開するようになりました。会計や生産管理、販売管理、人事管理といった機能もクラウドで提供されるようになっています。最近では、デジタルマーケティングなど特定の業務に絞って提供する企業も増えました。

ソフト会社からＳａａＳ事業者に転換した企業としてよく名前が挙がるのが米アドビです。動画や出版物の編集、あるいはデジタルマーケティング関連の製品を提供する同社は、２０１０年代に多くの製品をクラウドで提供できるように変えました。アドビの変身はＤＸの好例として取り上げられています。

提供形態によるクラウドの分類

パブリッククラウド
一般に公開されており
誰でも利用できる

コミュニティクラウド
同一業種など
特定の集団が利用

プライベートクラウド
クラウド技術を使った
企業内システム

ハイブリッドクラウド
他の三つのクラウドを
複数組み合わせたもの

IaaS、PaaS、SaaSの利用が増えるにつれ、どれか1社のサービス事業者だけでなく複数の事業者のサービスを組み合わせて使う企業が増えています。複数社のクラウドを使うことを「マルチクラウド」といいます。

提供形態は4種類

IaaS、PaaS、SaaSによる分類とは別に、提供あるいは利用形態に応じて、クラウドにはパブリッククラウド、プライベートクラウド、コミュニティークラウド、ハイブリッドクラウド、という分類もあります。

いわゆるクラウドという言葉でイメージするサービスがパブリッククラウドです。専門のクラウド事業者が他の企業に向けて提供します。ＩａａＳ、ＰａａＳ、ＳａａＳといったサービスはいずれもパブリッククラウドの一形態といえます。

パブリッククラウドは、各事業者が運営するデータセンターと呼ばれる専用の施設からサービスを提供します。ＡＷＳやグーグル、マイクロソフト、セールスフォースなどの大手事業者のデータセンターは１カ所で数万台、あるいはそれ以上のサーバーと呼ばれるコンピューターを稼働させています。

こういったデータセンターは１カ所ではありません。世界中に建設されています。距離が遠くなることで起こる遅延を防ぐ、どこか１カ所に障害が発生しても他の施設からサービスを提供し続ける、さらには法規制など個別の国の事情に対応するといったことが理由です。

ＡＷＳもマイクロソフトもグーグルも日本にデータセンターを置いています。安全のため詳細な場所は公開しないのが一般的です。

プライベートクラウドは、パブリッククラウドに使われている技術を用いて企業が作る社内ＩＴシステムを指します。特によく使われるのは仮想化です。仮想化によって、サーバーの利用効率を高めてコストを削減するのが目的です。

プライベートクラウドでは、仮想化以外にも、運用管理の自動化技術などを用います。クラウドという名前ですが、自社所有ですので実態としてはオンプレミスのＩＴシステムです。自社所有ですから、本来はクラウドと呼ぶべきではないという批判もありました。一方で、あくまでも社内ＩＴシステムなので、導入に当たっての障壁は低いといえます。

クラウドという言葉が広まり始めた２０１０年代前半には、まずプライベートクラウドを導入しようという企業が多くありました。「クラウドファースト」と言いますが、最近ではパブリッククラウドを最初の選択肢として考える企業が増えています。

ハイブリッドクラウドは、パブリッククラウドとプライベートクラウドのどちらかでなく両者を合わせて利用する形態を指します。

企業には機密にかかわるため、どうしても社外に置くわけにはいかないデータもあります。こういったデータを保持していればパブリッククラウドで全てを運用するのは不可能です。

段階的なパブリッククラウドへの移行を予定しているため、過渡的にハイブリッドクラウドを使う場合もあります。またデータのバックアップ先、あるいは災害時の利用を念頭に置いて、プライベートクラウドにパブリッククラウドを接続するケースもあります。
コミュニティークラウドは、パブリッククラウドとプライベートクラウドの中間的なサービスで、同じ業種の限られた企業が業務システムなどを共用するものです。金融機関や自治体の共同利用システムなどがそうです。

運営費を複数の企業が負担するため、コミュニティークラウドはパブリッククラウドに近いコストの削減効果が期待できます。一方で利用企業が限られているため、通信手段を限定したり、利用者認証を厳格にしたりといったことが簡単で、セキュリティーも確保しやすいといわれます。

クラウドネイティブにITシステムが変わる

パブリッククラウド、特にＩａａＳやＰａａＳが広がるなかで、ＩＴシステムの考え方が変わってきました。パブリッククラウドに最適化したものが増えています。

これを「クラウドネイティブ」と呼びます。従来のオンプレミスのシステムと対比して使うものですが、特徴は二つにわけることができます。

一つ目は、一般的なオンプレミス環境にはなかったクラウドならではのサービスを使っていることです。もう一つは、クラウドの普及と同時に広まった新しい開発方法を用いることになります。

クラウド特有のサービスは多岐にわたります。マネージドサービスなどＰａａＳの機能を使うのがクラウドネイティブの典型です。

クラウドの普及と同時に広まった新しい開発方法にはどういったものがあるでしょうか。独立性の高いソフトウエアプログラムの集合としてアプリを開発するマイクロサービスアーキテクチャーがその代表です。

マイクロサービスアーキテクチャーは、ＩＴシステムを作るための設計方式の一つで、小さな単位のソフトウエアーこれを「マイクロサービス」と呼びますーをゆるやかに連携させ、全体としてのシステムを実現します。コンテナとＡＰＩ（アプリケーション・プログラミング・インターフェース）が、マイクロサービスを支える代表的技術です。

マイクロサービスに注目が集まるのは、ユーザーがＩＴシステムの変更スピードをより重視するようになっているからです。特に、デジタル化や顧客接点を担うアプリケーションでは、変更が簡単という要件が欠かせません。

「顧客の声を取り入れて、すぐに改善したい」「明日にでもＳＮＳに対応したい」など、システムを素早く変えたいというニーズがマイクロサービスの普及を後押ししています。

第3章のまとめ

- AIとIoT、クラウドの3大技術はDXに不可欠
- 現在のAIは機械学習とディープラーニングが中心
- AIによる画像認識、自然言語処理、音声認識、データ解析で成果
- IoTはモノのインターネットのことで、センサーからウエアラブル端末、家電、自動車、住宅、工場までを含む
- IoTの利用に当たってはクラウドだけでなくエッジを使う
- 初期費用が安く、迅速に導入できるのがクラウドのメリット
- クラウドは機能でIaaS、PaaS、SaaSに分かれる

第4章

誰がどうDXを進めるのか

専門人材、専門組織、適切な方法論が必要

ここまでDXとは何か、DXで何が起こっているのか、そしてDXに不可欠な技術とは何かについて説明しました。ただこうしたことが分かっているだけで、DXは実現できません。

第4章では、実際に誰がどうDXを進めていくのかを記します。求められる人材像、組織のあり方、導入に有効な方法論といった面から説明します。

DX人材は2種類に分かれる

まず人材です。当然ながら人材なしでのDXは不可能です。どういった人材が必要なのでしょうか。

DXに必要な人材をDX人材、あるいはデジタル人材と呼びますが、大きく二つのタイ

DX人材は2種類に分かれる

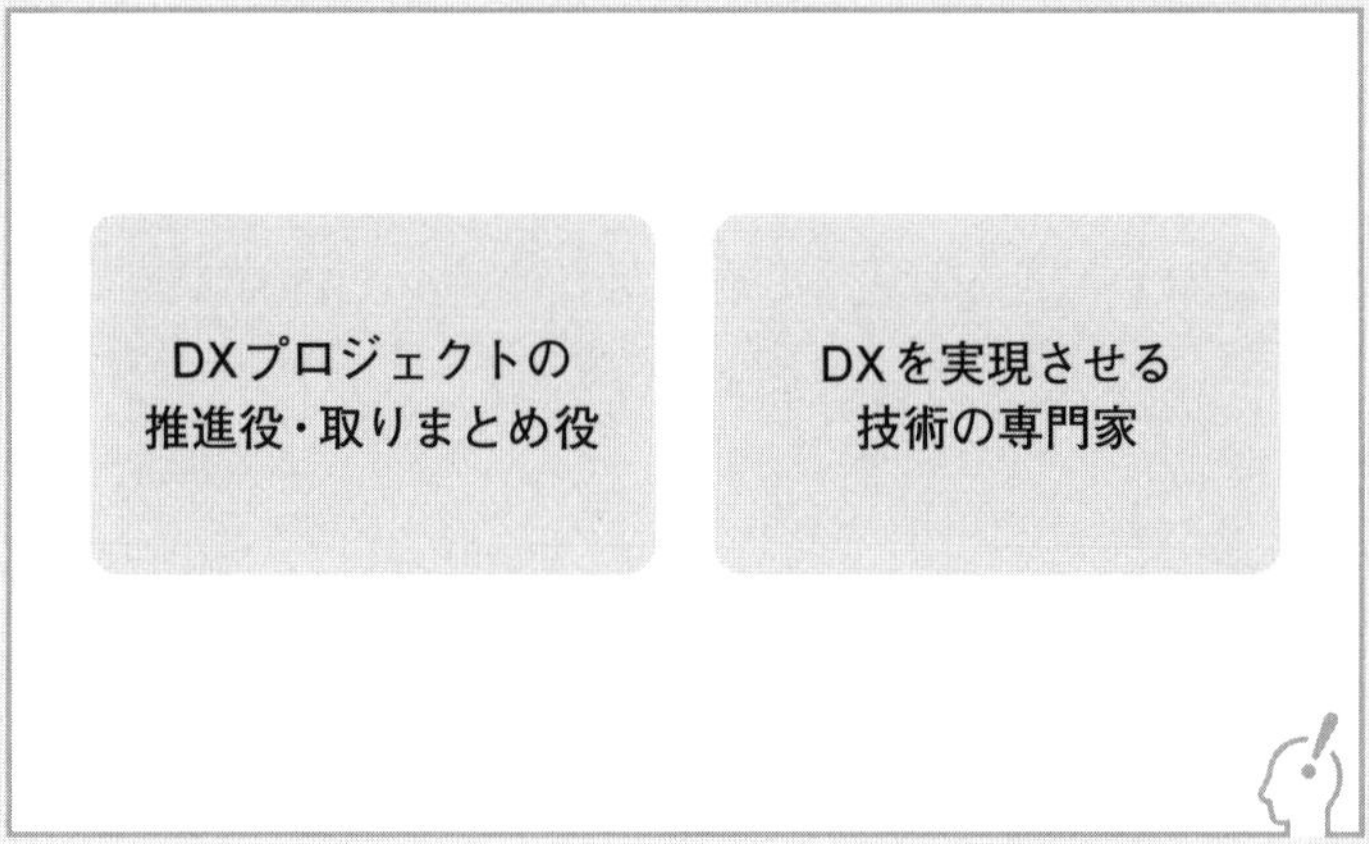

プに分かれます。どちらかのタイプが欠けてもうまく進めるのは困難です。

一つはＤＸのＤ、つまりデジタルの専門家です。以前であればＩＴの専門家といわれていた人材であり、エンジニアが中心になります。

もう一つはＤＸのＸ、トランスフォーメーションを進める人材です。推進役・取りまとめ役ともいえます。

技術の専門家である必要はありませんが、目的を持って企業が変わるためにはどういった技術を用いて、どう自社に適用し、どういった姿を目指すのか――。こういったＤＸのプランを考え計画を引っ張っていく、プロデューサーでありプロジェクトリーダーになる人材です。

実際にどんな能力を持った人材像なのかをイメージするのに、参考になる資料がありま
す。ＩＰＡが「ＩＴ人材白書２０２０」で、ＤＸに積極的に取り組んでいる企業へのイン
タビューを元にＤＸに対応する人材の傾向を七つにまとめています。

具体的には、プロダクトマネージャー、ビジネスデザイナー、テックリード（エンジニ
アリングマネージャー、アーキテクト）、データサイエンティスト、先端技術エンジニア、
ＵＸ／ＵＩデザイナー、エンジニア／プログラマになります。

これら七つのうち、プロダクトマネージャーとビジネスデザイナーを除く、五つのタイ
プがエンジニア系のＤＸ人材になります。

テックリードは、ＤＸのために開発されたＩＴシステムの設計から実装を担当する人
材です。データサイエンティストはデータ分析の専門家。先端技術エンジニアは、ＡＩや
ブロックチェーンなどＤＸに深くかかわる技術の専門家です。

ＵＸ／ＵＩデザイナーは、ＤＸやデジタルビジネスに関するシステム、アプリやサー
ビスの利用体験や使い勝手を向上させる専門家です。ＵＸはユーザーエクスペリエンス、
つまりユーザー体験の、ＵＩはユーザーインターフェースの頭文字を取ったものです。

エンジニア／プログラマは、ＩＴシステムの実装からインフラの構築、保守運用を担当する技術者です。地味な仕事に思われるかもしれませんが、これらの技術者がいなければ、ＤＸを実現するためのシステムは開発できません。

ＤＸのＸにかかわる人材がプロダクトマネージャーとビジネスデザイナーです。プロダクトマネージャーはＤＸあるいはデジタルビジネス実現のリーダー。ビジネスデザイナーは、ＤＸあるいはデジタルビジネスの企画立案と推進を主に担う人材です。

最大の問題は人材不足

実はＤＸを実現するための人材不足が深刻な問題として指摘されています。

少し前になりますが、２０１9年3月に経産省が「ＩＴ人材需給に関する調査」というレポートを公開しました。２０３０年には最大で79万人が不足するとの試算を発表しています。

最も楽観的なシナリオでも16万人、その中間のシナリオで45万人の不足です。この時点での日本のＩＴ人材の総数は約１１３万人と予測されていますから、深刻さが伝わるか

IT人材の不足は年々顕著になる

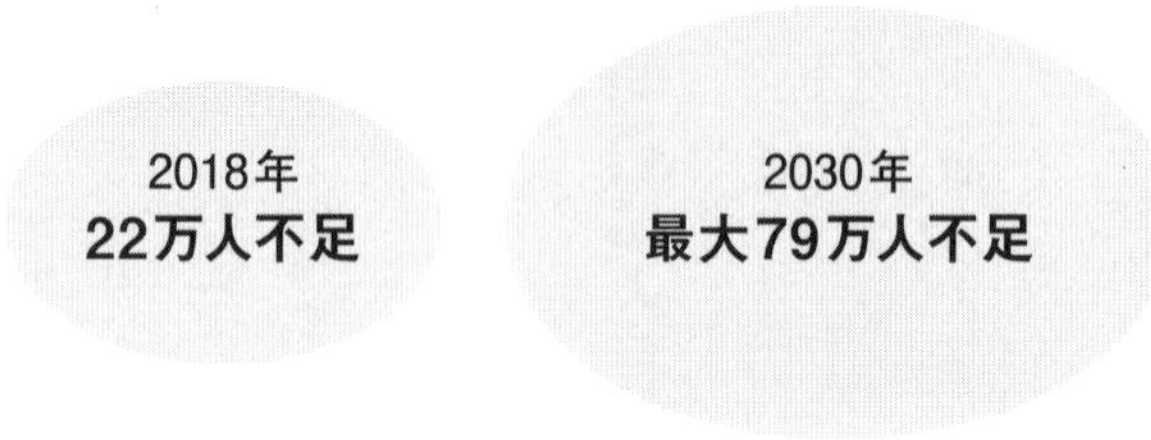

出所：経済産業省「IT人材需給に関する調査」

と思います。

ここでいうＩＴ人材は、既存のＩＴシステムの面倒を見るだけではありません。高度なＩＴ利活用に加え、デジタルビジネスの進展を担います。上記レポートによれば「ＡＩやビッグデータを使いこなし、第４次産業革命に対応した新しいビジネスの担い手として、付加価値の創出や革新的な効率化を通じて生産性向上等に寄与できる」人材の確保が重要だといいます。

「開発者は錬金術師であり、彼らが錬金術を使ってくれるようにできるかぎりのことをするのが我々の仕事だ」

これは、アマゾン・ドット・コムの創業者でCEOであるジェフ・ベゾスの言葉として、「ジェフ・ベゾス 果てなき野望」（ブラッド・ストーン著、滑川海彦 解説、井口耕二 訳）に掲載されているものです。ここでの開発者はエンジニアと近い意味です。

錬金術師のような開発者の存在があるからこそアマゾンはDXの最先端を走り続けていられるのです。エンジニアの重要性が伝わってきます。

このレポートが発表されて以降、コロナ禍という想定外の出来事はありましたが、むしろDXの動きは加速しています。人材不足は上限に近づく可能性が高まっているといえるでしょう。

IPAは七つの人材のうち、データサイエンティスト、ビジネスデザイナー、先端技術エンジニア、UX／UIデザイナーは先行きの不足感が高まる可能性があると指摘しています。それぞれの母数が影響しているかもしれません。

こういった人材に関しては、国内、いや世界で奪い合いが起こっているのが現状です。優秀な人材を一人獲得するために、年間で数千万円の報酬を支払うケースもあります。

中には、大学、大学院生を一般の会社員よりも高額の報酬でインターンに採用し、採用に結び付けるだけでなく、インターン在籍時にも社員同様の活躍を期待する企業も出ています。

その他の人材も決して充足しているとはいえない状況です。

グローバル人材が一つの答え

人材が不足していると嘆いていても仕方がありません。DX人材の不足を解消する手段の切り札とされれるのがグローバル人材の活用です。

よく日本企業はダイバーシティー（多様性）が低いといわれます。ただでさえ数の少ない日本国内の人材にこだわっていては、不足の解消はおぼかないでしょう。

実際にDXを進めている企業、あるいはDX支援業務を手掛ける企業には、積極的に海外からDX人材を採用するところが少なくないのです。楽天やファーストリテイリングのように社内の公用語を英語に変える企業がさらに増えるかもしれません。

採用する人材の国籍は米国や欧州にとどまりません。むしろ主力は毎年、デジタルやITの専門学科を多くの大学生が卒業する中国や韓国、インド、ベトナムといった国になります。

最近ではさらにその他のアジア、あるいはロシア、東欧、南米で最新の技術を学んだエンジニアの採用も進んでいます。国を挙げてデジタルの分野に投資しているアフリカのルワンダのような国からDX人材を採用する例も出てきています。

内製化でスピードアップ

DX人材が足りないなら、ITシステムの開発と同じように、外部の開発会社を雇えばいいとお考えの方がいらっしゃるかもしれません。たとえ市場全体では不足しているとしても、本当に重要ならその分コストをかければ何とかなるはずだという考え方も成り立ちます。

実は、DX人材を考える時に重要になるのが内製化です。内製化とは人材を社員として会社の内部に抱えることです。

従来の日本企業は、社内の人材ではなく、外部の企業に依頼してIT化を進めるのが主流でした。DXに関してもあまり傾向は変わりません。

米国ではシステム開発にかかわる人間の7割が一般の企業に、ＩＴ企業に3割が所属するといわれます。日本はこの数字が逆で圧倒的多数がＩＴ企業に属しています。ＩＰＡのＩＴ人材白書２０２０によれば、ＩＴ企業に95万９０００人いるのに対して一般の企業は29万４０００人にとどまります。

第２章で取り上げたＧＡＦＡやウーバー、エアビーアンドビーは全て社内に大量のエンジニアを抱えています。設立したばかりのグーグルがやったのは、コンピューターサイエンスの学科から優れた学生を雇うことだったといわれています。

外部の人材が悪いというのではありませんが、内部の人材に比べるとどうしても、会社の業務に対する理解が浅くなりがちです。外部の企業ですから、いちいち発注するプロセスを取る必要があり、社内で全てが終了する場合に比べる時間がかかってしまいます。

ＤＸには業務への理解の深さとスピードが大きな意味を持ちます。だから内製化が強く求められるのです。

内製化といっても、新卒で採用した社員を一から育てようというのではありません。中途採用はもちろんのこと、契約社員や副業社員、派遣社員など柔軟な雇用形態を組み合わせて、できるだけ迅速に人材を確保すべきです。

M&A（合併・買収）で、スタートアップと呼ばれる小規模な企業を買収し、高い技術力を持つエンジニアなどのDX人材を確保しようという動きも出ています。これを買収を意味する英語のアクアイヤーと採用を意味するハイヤーを合わせた「アクハイヤー」という言葉で表現することがあります。

指揮官はCDO

DXの実現には組織の在り方も考える必要があります。正しくDXを進めるには指揮官が必要です。専門家としてのDX人材がいくら集まっても戦略は描けません。

現実に数年前から一部の企業でCDO（最高デジタル責任者）を置く動きが出てきました。CDOはDX実現の最高責任者です。

CDOはチーフ・デジタル・オフィサーの略です。最近では、CDXO（最高デジタルトランスフォーメーション責任者）を置く企業もあります。

日本で最初にCDOを置いたのは外資系化粧品会社の日本ロレアルだといわれていま

DXに関係する企業の役員

CDO（最高デジタル責任者）
企業のデジタル化の責任者、CDXO（最高DX責任者）を置く企業も

CIO（最高情報化責任者）
ITシステム、情報戦略など企業の情報化の責任者

CTO（最高技術責任者）
企業の技術戦略、開発戦略の責任者

す。２０１５年のことでした。

現在では、ＳＯＭＰＯホールディングスやＮＴＴグループ、三菱ケミカルホールディングス、富士フイルムホールディングス、味の素、日揮ホールディングス、日野自動車といった大手企業がＣＤＯを置いています。企業だけでなく、三重県のような自治体もＣＤＯを新設しました。

とはいえ、まだＣＤＯを設置している企業はそこまで多くありません。ＰｗＣコンサルティングの調査によると、２０２０年７月時点でＣＤＯという役職を設置している企業は全体の13%にすぎません。２０１８年６月

の調査では10％でしたから増加してはいますが、この程度なのです。

指揮官を兼務することもあるCIO、CTO

CDOに似た幹部職は以前からありました。CIO（最高情報責任者）です。CIOはチーフ・インフォメーション・オフィサーの略になります。

日本情報システム・ユーザー協会（JUAS）の調査によれば14・3％の企業が役職としてCIOを置いています。CIOの方がCDOよりも多いわけです。

CIOはIT化、あるいは企業の情報戦略の責任者になりますが、ITの専門家、エンジニア出身である必要はありません。ただし、適切な情報戦略を策定し、正しい技術を選び、IT投資のあり方を決定することが求められます。

CIOとCDOの業務には重なる部分があります。現実にはCIOがCDOの役割を兼務している企業も存在します。

日本企業はあまりCIOの使い方が上手ではないといわれてきました。なかには名前ばかりのCIOがいるだけで、明確な情報戦略を持っていない企業もあります。こういった会社ではＩＴ化もうまく進まないことが多いのです。

最近でこそ変わってきましたが、目に見えないソフトウエアが重要な役割を果たすＩＴを軽視しがちな文化が日本企業にありました。ＩＴシステムなしで業務をこなせないのは理解していますが、あくまでも業務効率化のツールであり、自社の競争力を高める切り札だとは考えなかったのです。今でも、ＩＴシステムを預かるＩＴ部門は間接部門とみなされがちです。

ＤＸのＤの部分でＩＴは不可欠なものです。名ばかりＣＤＯを置く過ちは避けなければなりません。

ＣＩＯ以外で、ＣＤＯと役割が重なる部分があるのがＣＴＯ（最高技術責任者）です。その名の通り、ＣＴＯは企業の技術戦略、開発戦略の責任者です。研究部門の責任者であることもあります。メーカーなどでは企業のトップであるＣＥＯがＣＴＯを兼務することもあります。

ＤＸで新しい製品やサービスを生み出す際には、どういった技術を用いるかが大きな意味を持ちます。ＣＴＯがＣＤＯ的な役割を果たすケースもあります。

しがらみのない専任組織に任せる

DXを進めるために過去、数年にわたって多くの日本企業が取り組んだのは、専任組織を設けることでした。

DXは企業にとって新しい試みです。明確な進め方が決まっているものではありません。それどころか実際には、DXが一体何なのか、自社で何をどうDXすればどういった成果が上がるのか、多くの疑問に直面しながら進むものです。またDXの目指すところは変革ですから、既存の組織に任せると過去からのしがらみを断ち切れず思い切った提案、行動が取りにくくなる可能性があります。

専任組織を作れば、この問題を解決できます。組織の形はさまざまです。経営トップに直接報告する完全に独立した部署を設ける、経営企画部門、研究開発部門、IT部門といった組織の傘下に置く、特定の事業部門の中に置くといった形が一般的なパターンです。

経営企画、研究開発、ITの部門の傘下に専任組織が置かれる場合は、完全に独立した組織とは異なり、これらの部門から影響を受けることになります。一方で人材の確保を含めた支援が期待できます。完全に独立した組織にする場合、社内からどういった人材を集めるか、というところからスタートしなければなりません。

従来のＩＴ化の中心は、ＩＴ部門でした。ですがＤＸに関してはＩＴ部門主導のケースはそこまでは多くありません。

独立性を高めるため、ＤＸを目的とした子会社を設立するケースもあります。既存の企業文化にとらわれず思い切って活動するには別会社の方がいいという判断です。

企画・開発・実行の３分野の方法論

ＤＸを効率的に進めるための方法論もいくつか誕生しています。具体的にはデザイン思考、アジャイル開発、リーンスタートアップの三つになります。

これらは別々に存在するというよりも互いに連携しながら進むものです。デザイン思考は企画段階、アジャイル開発は開発段階、リーンスタートアップは実行と検証の段階で使われます。

いずれもより早く、より柔軟に答えを探すためにどうすべきかという理由で生まれてき

DXを加速させる3つの方法論

デザイン思考
人を中心に据えて問題を発見したり、
その解決方法を考えたりする手法

アジャイル開発
価値の高いソフトウエアを素早く、
継続的に提供することを目的とした開発手法

リーンスタートアップ
事業を興す際の資金や時間の無駄を削り、
成功確率を高める方法論

ました。

デザイン思考から説明しましょう。

デザイン思考とは、問題を抱えて困っている人や実際に商品やサービスを利用している消費者など、人を中心に据えて問題を発見したり、その解決方法を考えたりする手法です。デザインシンキングとも呼びます。

デザイン思考は、具体的に解決すべき課題が明らかになっていないあいまいな案件で用いられるのが一般的です。「AIを使って、何か新しいサービスを作りたい」「商談の成約率をアップしたい」などです。

デザイン思考は解決してほしい問題を抱える人を起点に問題解決方法を考えます。加えて、問題解決の手段が完全に完成してから提示するのではなく、プロトタイプ（試作）の段階で何度も使ってもらいながらカイゼンしていくのが普通です。

デザイン思考では「フェイルファースト」という言葉が良く使われます。フェイルは失敗、ファーストは早く、という意味です。どんどん失敗することでカイゼンを進めていこうということです。

元々は米国のデザインコンサルティング会社のＩＤＥＯが２０００年代初頭に提唱した考え方で、現在ではＩＤＥＯの創業者が設立に協力した米スタンフォード大学の「ｄ・ｓｃｈｏｏｌ」などを中心に研究や普及が進んでいます。デザイン思考を実践するため、ＩＤＥＯやスタンフォード大学は共感、問題定義、創造、試作、テストの五つのステップを提示しています。

アジャイル開発で価値の高いソフトをすばやく提供

アジャイル開発は、価値の高いソフトウエアを素早く、継続的に提供することを目的とした開発手法を指します。アジャイルは英語ですばやい、俊敏なという意味です。主な手法には「リーンソフトウエア開発（リーン開発）」「エクストリームプログラミング（XP）」「スクラム」などがあります。いずれの手法も1週間から数カ月程度に期間を短く区切って、反復開発するのが特徴です。

この反復は「イテレーション」と呼ばれます。イテレーション内で、計画、設計、開発（製造）、テストを実施し、短期間で動作するソフトを完成させていくのです。一度のイテレーションの期間で開発できるソフトには限りがありますが、優先度の高い順から進めて、徐々にソフトの規模を大きくしていきます。

短期間でソフトを完成させるため、アジャイル開発には「プラクティス」と呼ばれる具体的な技法がいくつも存在します。例えば、壁やホワイトボードを線引きし分割したエリアに分けて作業の見える化や作業量の調整に役立てる「タスクボード」、プロジェクト全体の進捗やチームの作業状況の進捗を管理する「バーンダウンチャート」、2人で協力しながら一つのプログラムを開発する「ペアプログラミング」などがそうです。

一般のソフト開発はアジャイル型ではなく、ウオーターフォール型と言われます。要件をしっかりと決めて設計、開発、テストと順に進めていきます。

短期間でソフトを完成させ問題があれば改善するアジャイル型と異なり、ウオーターフォール型は、テスト段階に入って深刻な不具合が見つかることが珍しくありません。こうした場合は、開発をやり直す必要があり、完成までの期間が大きく延びてしまうという問題を抱えています。

リーンスタートアップで試行錯誤、時に撤退

リーンスタートアップとは、事業を興す際の資金や時間の無駄を削り、成功確率を高める方法論のことです。必要最小限の機能を備えた製品やサービスを試作し、顧客のフィードバックを得ながら改良を重ねます。

必要に応じて開発方針や事業モデルを素早く切り替えることで、顧客ニーズとのミスマッチを防ぐのです。もともとは経営分野のキーワードとして広まりました。

リーンは「ぜい肉がなく引き締まっている」という意味です。米国の起業家兼コンサルタントのエリック・リース氏が、「価値を生まないプロセスを徹底して排除する」というトヨタ自動車の「リーン生産方式」に着想を得て2008年に提唱しました。

リーンスタートアップでいう無駄とは、「顧客ニーズに合致しない製品・サービスに対し、漫然と開発費やマーケティング費用や広告費を投じること」です。これを削るために、製品・サービスが本当に顧客ニーズに合致してるかどうかの仮説と検証を繰り返します。リース氏は、構築、測定、学習のサイクルを素早く回すことが重要だと言います。

消費者向けのスマホアプリを開発するとしましょう。まずは、あれこれと機能や情報を盛り込まず、最小限の機能や情報に絞り込んですばやく完成させます。

続いて、ターゲット顧客の反応を測定します。ダウンロード数や登録ユーザー数といった表面的なことだけでなく、機能に対する評判や改善要望の有無など、アプリの改良に役立つ情報を収集するのです。

こうして集めた情報を基に、現状と顧客ニーズのギャップなどを把握しアプリを改良します。もしも当初の仮説と大きく違っていた場合は開発そのものを中止したり、事業モデルを見直したりすることもためらいません。

これらの方法論にどこまで意味があると思われるかもしれません。ですが、米国のシリコンバレーなどでは、デザイン思考、アジャイル開発、リーンスタートアップを取り入れることで、成長してきたスタートアップ企業はいくらでもあります。

PoCで小さく試して検証する

DXに関する取り組みは成功が保証されているものではありません。最初から巨額の費用をかけて大々的にプロジェクトを走らせるのはあまり利口とはいえないでしょう。

現実に多いのは、とりあえず試験的に小規模なプロジェクトを実行して、効果の有無を検証することです。プルーフオブコンセプトの頭文字を取ってPoCといわれるもので、「ピーオーシー」と読みます。日本語にすれば「概念実証」です。

PoCでは、新しく立ち上げるサービスが収益を生むかどうか、顧客が望むサービスになっているかどうかなどが、検証項目になります。新技術が事業の成否に大きくかかわるケースも増えています。典型がAIやIoTです。

例えばAIを使った予測データを顧客サービスに利用したいという場合、売上増や業務改善といったビジネスの視点、顧客にサービスが必要とされているといった顧客の視点に加えて、AIでその予測を実現できるか、実現できたとして予測精度はどのくらいかと

PoCとは

試験的に小規模なプロジェクトを実行して、
効果の有無を検証すること。
日本語では「概念実証」になる

いった技術の視点からの検証が必要になります。ＰｏＣの結果を見て、有効だと判断できれば実業務に導入することになります。

最近では、ＰｏＣばかり繰り返して実ビジネスでＤＸが進まないという批判が出てきました。

こういった場合は、明確な目的がないままにＰｏＣを実施した、ＰｏＣの結果をきちんと検証しなかった、ＰｏＣの後、実業務に適用するための実行体制が不十分だった、のいずれかの原因が当てはまるといわれています。

専門人材を集め、適切に組織・体制

を整え、正しい方法論にのっとってDXを進めたとしても、DXが必ず成功するとは言い切れません。最後にモノを言うのは、経営トップの意思です。

経営トップがその意味を理解し、全力を挙げて全社で取り組む姿勢を見せることで、DXは成功に近づきます。

第4章のまとめ

- DX実現のカギは人材。不足を補うためグローバル採用が広がる
- DX人材は技術と変革の専門家の2種類がある
- DX人材の内製化で開発速度が上がる
- DXの指揮官であるCDOを設置する企業が登場
- 推進組織を新設しDXに専念させる
- デザイン思考、アジャイル開発、リーンスタートアップが方法論の3点セット
- DX成功には経営トップの意思が不可欠

第5章

いつからDXが始まったのか

	1990年代	2000年代	2010年代	2020年代
	バブル崩壊による停滞	「IT革命」ブーム	デジタルディスラプターの影響拡大	DXが本格化
	パソコンの普及 インターネットの普及	携帯電話の普及 国産スパコンが世界一に	スマホの普及 IoTの普及 クラウドの普及	量子コンピューターの実用化
	BPR ナレッジマネジメント	ECの拡大	SNS 機械学習の普及	デジタルツイン

第5章ではDXがいつ始まったのかを追いかけます。過去からの経緯を知ることでDXの理解が確実に深まります。第1章でDXには、デジタイゼーション、デジタライゼーション、DXの3段階があると書きました。過去からの流れがDXまでの進展に重なってきます。

電算化からDXまで

これまで書いてきたように、DXの前半部分であるデジタルはITと同様の意味です。DXの前身といえるのはIT化でしょう。さかのぼると情報

電算化、情報化、IT化、DXの歴史

	1950年代	1960年代	1970年代	1980年代
全体	電算化の 黎明期	企業の 情報化が加速	システムの大 型化・高度化	情報システム のオープン化
ハード・ インフラ 関連	大型コンピュ ーターの登場	オンラインシ ステムの登場	パソコンの登 場	UNIXマシン の普及 通信自由化
ソフト・ アプリ 関連	科学技術計算 事務計算	MIS EDP	CAD/CAM RDB OAブーム	SIS

化、その前は電算化と呼ばれていました。

日本の情報化がスタートしたのは1950年代のことです。主に米国製の大型企業向けコンピューターが日本に上陸し、これを利用する企業が登場しました。

当時の呼び名は「電子計算機」です。電算化はここから来ています。1955年に東京証券取引所と野村証券が商用コンピューターを利用した最初だといわれています。主な用途は科学技術計算と事務計算でした。

2021年には東京でオリンピックが開催の予定です。実は57年前に

開かれた1964年の東京オリンピックと日本の情報化には大きな関係があります。

オリンピックの放送を見ていると当たり前のように選手の記録や名前などが画面に出てきますが、自然にできているのではありません。オリンピックには多くの競技があり、何人もの選手が参加しています。予選から本選にかけていくつもの競技が開催され、順位が決まり記録が生まれる度に、全てを速報しているのです。

これを人間が手作業でこなすのは不可能です。1964年の東京オリンピックでは、結果を迅速に伝えるためにオンラインシステムを採用したのです。使ったのは、IBMの大型コンピューターでした。

当時、オリンピックを見ながら多くの人が電算化の可能性を感じたのではないでしょうか。翌年の1965年、三井銀行が金融機関として国内初のオンラインシステムを稼働させます。このシステムは、東京オリンピックのオンラインシステムでの経験を生かしたものでした。

オリンピックと同じ1964年に、IBMはSystem／360という大型コンピューターの新製品を発表します。ソフトウエアを開発すればさまざまな用途に利用できる360は大ヒットしました。後継機との互換性の高さも評価されました。

米IBMが1964年に発表した汎用コンピューターのSystem/360
写真：H. Armstrong Roberts/ClassicStock（Getty Images）

このころの大型コンピューターをメインフレームあるいは汎用コンピューターと呼びます。Ｓｙｓｔｅｍ／３６０はまさに汎用という言葉にふさわしいものでした。

60年代から情報化が加速

このころから日本の情報化が加速していきます。金融機関あるいは企業の会計システム、販売管理システム、生産管理システムなどに大型コンピューターが使われるようになっていくのです。ＩＢＭのような外資系企業だけでなく、富士通や日立製作所、ＮＥＣといった国産メーカーも大型コンピューターの開発と販売に力を入れました。

コンピューターを使ったデータ処理のことをＥＤＰと呼ぶようになりました。エレトロニック・データ・プロセッシングを略したものです。

１９６０年代には「ＭＩＳ」という言葉が使われ始めます。マネジメントインフォメーションシステムの頭文字を取ったもので、日本語だと経営情報システムになります。単なる効率化のツールではなく、コンピューターは経営戦略を実現するために使うべきだという考え方でした。現在のＤＸに通じる考えですが、当時のコンピューターの処理性能では

ＭＩＳを完ぺきな形で実現するのはほぼ不可能でした。

その上、この時代の大型コンピューターは非常に高価でした。大企業でなければ導入するのは難しかったというのが実態です。

70年代、多様なコンピューターが登場、OA含め用途が広がる

１９７０年代になるとシステムの大型化・高度化が進みます。一方で処理性能はそこまで高くないものの、より安価なコンピューターも市場に現れてきます。当初は制御や科学技術計算向けに開発されたミニコンピューター（ミニコン）の流れをくむものです。やがてミニコンは一般の業務にも使われるようになります。

コンピューターで設計・製造を支援するＣＡＤ／ＣＡＭ、現在もさまざまなデータを管理するために使われているソフトのリレーショナルデータベース（ＲＤＢ）が登場したのもこの時代でした。

日本では、オフィスコンピューター（オフコン）と呼ばれる企業向けハードが普及し、中堅・中小企業も積極的に情報化に取り組むようになりました。オフコン開発の中心は、

アップルコンピュータが1977年に発表しパソコンとして初めて世界でヒットしたApple Ⅱ
写真：Science & Society Picture Library (Getty Images)

NECや東芝、富士通、三菱電機といった国産メーカーです。

オフコンの利用が進んだ1970年代後半によく使われた言葉に「OA」があります。オフィスオートメーションの頭文字を取ったものです。

これまでは人間が行っていた事務作業を自動化して、ホワイトカラーの生産性を上げようというものです。当時は、オフコンに加えて、複写機とファクシミリがOAの3種の神器と言われていました。3種の神器に卓上電子計算機が含まれることもあります。

1970年代後半に入ると、パーソナルコンピューター（パソコン）が誕生します。アップル（当時はアップルコンピュータ）がキーボードを備えた新製品の「ＡｐｐｌｅⅡ」を発売したのは1977年のことです。

さまざまなアプリが開発されたこともあり、ＡｐｐｌｅⅡは大ヒットしました。その便利さと可能性に注目が集まり、個人だけでなく企業の関心が高まっていきます。1979年には、米マイクロソフトのＥｘｃｅｌのような表計算ソフトの元祖になる「ＶｉｓｉＣａｌｃ」が登場しました。

企業向けの大型コンピューターのメーカーだったＩＢＭがパソコンを発売したのは1981年です。この時、製品化を急いでＯＳにマイクロソフト製品を採用したことが、マイクロソフトの成功物語の始まりでした。

パソコンでＯＡも進展します。ソフトの充実に合わせて、パソコンでワープロソフトや表計算ソフトを使って個人の生産性を上げる動きも本格化していったからです。今も現役のワープロソフトであるジャストシステムの「一太郎」が登場したのは1985年のことでした。

80年代にシステムがオープン化、経営の武器に

1980年代には、サーバーと呼ばれる企業向けコンピューターとパソコンをつないで業務を処理する例が出てきました。さまざまなメーカーのコンピューターとさまざまな会社のソフトを組み合わせて自由に使えることからシステムのオープン化、あるいはオープンシステムと呼ばれました。これに合わせてUNIXというOSを搭載したマシンが普及していきます。オープン化以前はハードもソフトも特定企業の製品に依存せざるを得ないことが多かったため、選択肢を広げるオープン化は多くの支持を得ました。

同じ80年代、企業のITシステムを効率化のためだけに使うのではなく、競争力を高めるビジネスの拡大に直結したツールとして使うべきだという考えが登場します。ストラテジックインフォメーションシステムの頭文字を取ったSISです。日本語では戦略情報システムと訳されました。

言葉自体は1985年に米コロンビア大学のチャールズ・ワイズマン教授が提唱したものになります。日本では、花王、セブン-イレブン・ジャパン、ヤマト運輸の3社がSISの代表例として紹介されました。

花王は自社製品の流通情報システム、セブン‐イレブン・ジャパンはコンビニエンスストア加盟店との間のオンラインシステム、ヤマト運輸は宅配便管理システムをビジネスの拡大に直結させています。3社は現在もデジタル投資を継続しており、DXの優等生といえる存在です。

90年代、ERPで業務改革、知識は共有

1990年代に入ると、単に一つひとつの業務をシステムで自動化するのではなく、企業全体の効率化を探る動きが出てきます。「ビジネス・プロセス・リエンジニアリング」の頭文字を取ったBPRというキーワードが広まりました。

意訳すれば業務改革です。BPRを実現するための切り札として、企業で採用が進んだのがERPと言われる業務用のソフトウエアでした。

ERPは会計システム、販売管理システム、生産管理システムなど企業の業務に必要な複数の情報システムの機能を備えています。一から作るのではなくERPの仕組みを使って業務を処理します。オーダーメードではなく既製品のソフトといえばいいでしょうか。

「エンタープライズ・リソース・プランニング」の頭文字を取ってERPですが、機能の実態に応じて「統合基幹業務システム」あるいは「統合業務パッケージ」と訳すことがよくあります。ERPの特徴は、さまざまな業務をシステム化するだけでなく、業務で取り扱う情報を統合してデータベースで管理できることにあります。上手に使えば、データ分析による企業活動の効率化が一気に進みます。

ERPの世界最大手はドイツのSAPです。同社の主力製品だった「R／3」の導入が日本でも進み始めました。同じころ、企業での電子メールの利用が広がり始めます。メールに加え電子掲示板などの機能を備えたグループウエアというソフトの採用が進みました。米IBMが買収した英ロータスの「ノーツ」というソフトが有力で、これにマイクロソフトが「Exchange」という製品で戦いを挑んだ格好になります。

社内のさまざまな文書を電子データ化して記録し、全社で共有して活用度合いを高め、社員の生産性を上げようというナレッジマネジメントへの関心が高まりました。会計システムなどと異なり、知識の共有を目的とするナレッジマネジメントの領域では、人間の書いた文章や数値以外のデータが重要な役割を果たします。

インターネットで社会が激変、ECが始まる

90年代後半に入ると時代が動き始めます。パソコン用OSのWindows95の登場と、インターネット閲覧用の専用ソフトであるWebブラウザーの登場で、インターネットの利用が急速に広まったからです。

Webブラウザーを使えば、自由に世界中の情報にアクセスできるようになります。中でも、米ネットスケープコミュニケーションズが開発した「Netscape Navigator」は無料で使えることもあり一気に利用者が広まりました。その後、Webブラウザーの利用の拡大に脅威を覚えたマイクロソフトが対抗して開発した「Internet Explorer」が市場をリードすることになります。

今でも企業のWebサイトなどにアクセスすると、アドレスの最初にwwwの3文字を使っていることがよくありますが、これはワールド・ワイド・ウェブの頭文字をとったものです。ウェブはクモの巣という意味で、インターネットが世界へ広がる様子からイメージされて使われるようになったといわれています。

インターネットによって、企業では顧客、あるいは取引先との関係が大きく変化しまし

パソコンの普及とインターネットブームをもたらしたWindows 95
写真：Rick Maiman（Getty Images）

た。顧客での関係でいえば、ＥＣと呼ばれるインターネット通販によって、店舗なしで直接顧客とつながることができるようになったのです。インターネット専業のオンライン書店としてスタートしたアマゾン・ドット・コムのような企業も生まれ始めます。

自社のＷｅｂサイトを作ることで、新聞や雑誌などのメディアに頼らずに自社の情報を直接顧客に届けることも可能になりました。顧客のメールアドレスを収集してメールマガジンを発行する企業も出てきました。

日本では、楽天の登場でＥＣに取

り組む企業が増えました。自前でECサイトを持たなくても、楽天のサービスを使えば小規模な企業でも簡単にECがスタートできるようになったからです。

2000年代前後から「クリック&モルタル」という言葉が使われ始めます。パソコンでクリックするビジネス、つまりECとリアル店舗でのビジネスの双方を手掛けるのがごく当たり前のこととして認識されるようになりました。

取引先との関係も変化します。インターネットを使うことで、より緊密でリアルタイムに近い取引先との情報交換が可能になったからです。それまでも専用線といわれる独自のネットワークサービスを用いて取引先と情報をやり取りするケースはありましたが、高価なこともありそこまでの広がりはなかったのです。

インターネット経由で取引先との情報のやり取りが拡大したこと、サプライチェーン管理（SCM）や需要予測の精度が上がりました。SCMや需要予測のソフトを用いて在庫管理の質を向上させることが可能になりました。高度な在庫管理は企業の利益率向上に直結します。

2000年には携帯電話が主流に、「IT革命」ブーム

日本では1990年代後半から、インターネットの普及と歩調を合わせるかのように携帯電話が普及していきます。特に1996年からの数年は年間約1000万のペースで加入契約数が増え続け、2000年には携帯電話とPHSの契約数の合計が固定通信の契約数を抜きました。単なる通話だけでなくiモードのような簡易なインターネットサービスの利用も拡大します。空間の制約を受けずに情報にアクセスできる時代が訪れ始めていました。「IT革命ブーム」の到来です。

1980年代までのメインフレーム全盛時代には、IBMのライバルとして日本のコンピューターメーカーは存在感を示していました。ところがオープン化が進むにつれ、国際的に競争力のある製品を作れなくなっていきます。より企業規模の大きい米国のグローバル企業に開発力と価格競争力で伍していくのは簡単ではなかったからです。

そんな状況を覆したのがスーパーコンピューター（スパコン）の世界でした。2002年に、日本原子力研究所、宇宙開発事業団、海洋科学技術センターの3者が仕様をまとめNECが開発した「地球シミュレータ」が処理性能で世界一のスパコンだと認められた

のです。

その後も日本は意欲的にスパコンを開発し続けます。理化学研究所と富士通の共同開発によって、2012年には「京」、2021年には「富岳」という世界トップのスパコンを完成させました。富岳に関しては、新型コロナウイルスの感染拡大防止につながる、飛沫のシミュレーション画像をご記憶の方も多いでしょう。

本当に革命を起こしたスマホ

2007年にスマホが登場します。携帯電話というよりも、いつでもインターネットに接続できる電話機能を備えたポータブルなコンピューターとでもいうべきスマホが社会に革命を起こします。

画像を共有して楽しむSNSは、スマホなしでは広がらなかったでしょう。位置情報が必須のウーバーのようなサービスは存在しません。

その後の数年で、デジタルと人との距離が一気に縮まり、デジタルの影響力が大きくなってきます。スマホの利用者は増え続け、第1章でも触れたように、2019年時点で保

2007年に発表された初代のiPhone。ここからスマホの時代が始まった
写真：Justin Sullivan (Getty Images)

有者の割合は67・6%に達し、8000万人以上が使っています。

第1章でDXの前提条件として「非常に高機能なデバイスが広く普及し、高度な技術が日常的に使われる」と書きましたが、土台が整ってきたわけです。通信の高速化もこの流れを後押ししました。

手元のスマホだけでなく、ネットの向こう側のクラウドの普及も急速に進みます。個人向けクラウドサービスの拡大は言うまでもないでしょう。グーグル検索もSNSも全てクラウドです。

企業での傾向も同様です。総務省

の「通信利用動向調査」で初めてクラウドという言葉が出てくるのは２０１０年分からで、当時の利用率は全体の13・7％でした。

２０１５年には44・6％まで拡大します。２０２０年の結果はまだ公表されていませんが、２０１９年には64・7％にまで拡大しています。10年でクラウドを利用する企業が少数派から多数派に変わりました。

この時代には、クラウド以外だけなくＡＩやＩｏＴの利用も進みます。ハードの処理性能の向上や新しい通信技術が普及に寄与したのは第３章で触れた通りです。

２０１０年以降、本格的にＤＸを進める素地が整いました。デジタルの力を使ってこれまでになかったような新サービス、新ビジネスを実現することができるようになったのです。同時に、ＧＡＦＡの影響力が増していきます。

２０２０年代にＤＸが本格化

こういった動向の後を追いかけるかのように、ＤＸあるいはデジタルトランスフォーメーションという言葉が、現在の意味で広く使われ始めたのが２０１０年代の半ばころか

DXに至る企業のIT活用の進展

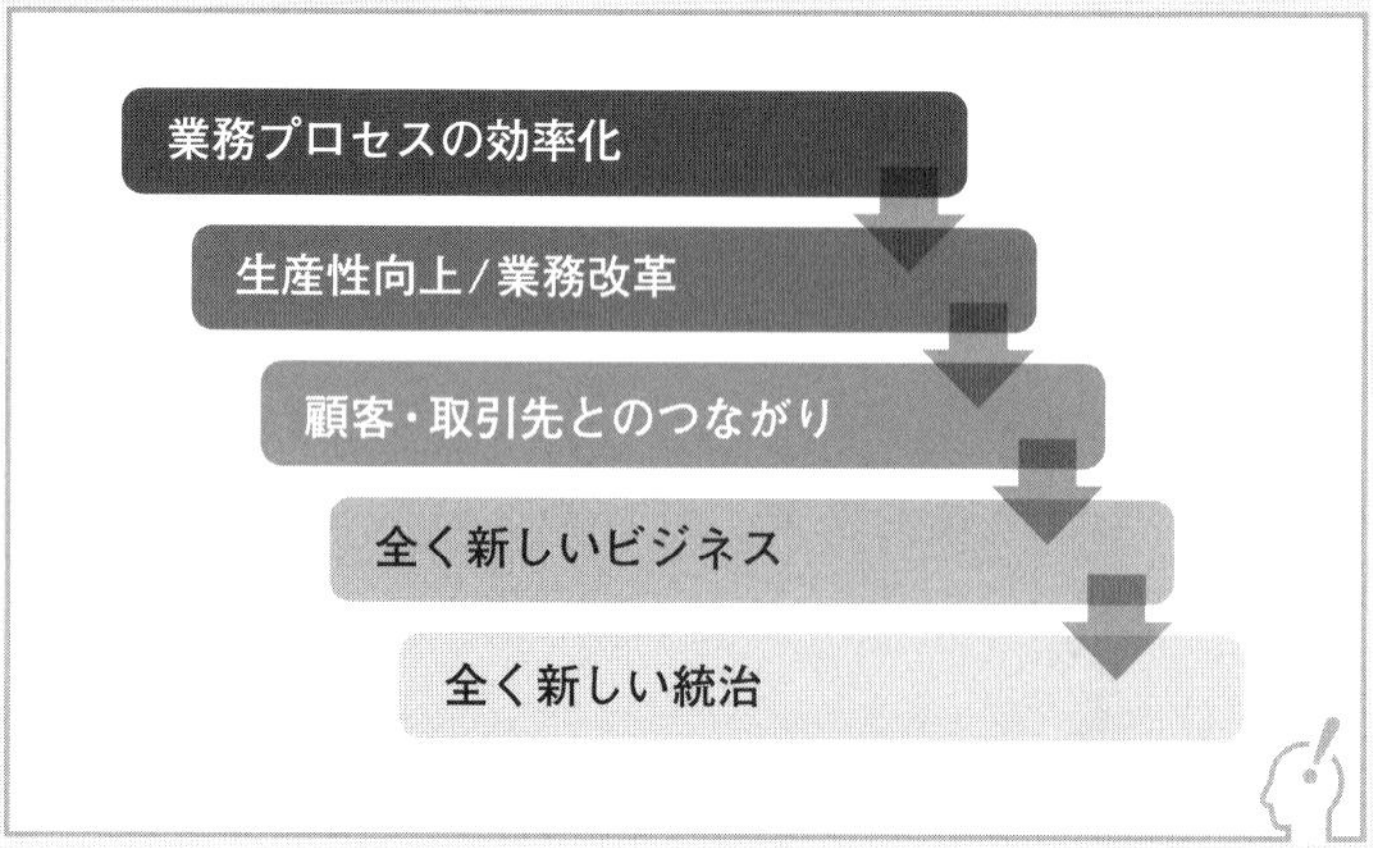

らです。２０２０年代に入り、ＤＸが本格化したといえます。

新型コロナウイルス感染症の拡大もＤＸを加速させる面がありました。リアルでの対面が制限される中で、物理的な制約を超えるデジタルの力に注目が集まったからです。テレワークの導入はデジタライゼーションの段階かもしれませんが、戦略的なＥＣの活用や人に依存しない生産現場の革新など、ＤＸと呼ぶにふさわしい動きが出てきています。

今後は、ＡＩやＩｏＴ、クラウドを駆使するデジタルツインのような技術がどんどん使われていくでしょう。この10年で量子コンピュータも実用化しそうです。

最後に改めて企業のDXの歴史をまとめてみましょう。まず企業でスタートしたのが業務プロセスの効率化でした。これが次の段階で、全社の生産性向上や業務改革の取り組みに進化します。

さらにインターネットが登場し、顧客や取引先との新しいつながりが生まれます。スマホが登場する前、2000年代に入るころまでは、デジタイゼーション、デジタライゼーションがITの目的だったといえるでしょう。

DXの時代には、全く新しいビジネス、組織のあり方を一変させる全く新しい統治の実現が加わります。

第5章のまとめ

- ＤＸの歴史はＩＴ化、情報化、電算化とさかのぼる。スタートは１９５０年代
- 業務効率化から始まったが、６０年代には企業経営を変革するものだと認識される
- ７０年代にはハードもソフトも多様化し大型化・高度化が進む
- ８０年代には競争力を高めるツールとして注目される
- ９０年代にはインターネットによって顧客、取引先との関係が激変
- ２０００年代のスマホの登場が現在に至るＤＸの直接のきっかけ
- ＡＩやＩｏＴ、クラウドが普及し２０１０年代にＤＸの土台が整う

第6章

DXに重要なのは何か

ミッション、セキュリティー、歩み続ける

第6章では、ここまでに書ききれなかった、DXを進める上で重要なことをお伝えします。具体的には、ミッション、サイバーセキュリティー、歩みを止めないの3点です。DXの目標と聞いて何が思い浮かぶでしょうか。猛烈に成長する、ディスラプターに対抗する、働きがいのある会社へ変身するといったことが思い浮かぶかもしれません。

本書でも、DXによってこういったことが起こせると書いてきました。ですがまず自社の成功ありきの発想で取り組んでも、思ったような成果は上がらないかもしれません。発想と行動のスケールが小さくなってDXのX、つまり変革といえる結果につながらない可能性があるからです。

社会をよりよくするミッションを持つ

ではどうすればいいでしょうか。意外かもしれませんが、1社の利害を超えて、社会や自社が属する業界全体をよりよくしようというミッション、つまり使命を掲げるのが有効です。社会課題の解決といってもいいかもしれません。

実はDXの最先端企業にはミッションを公開している例がよくあります。掲げられている内容は世界をよりよいものに変えようという点で共通しています。

第2章で取り上げたGAFAの4社のうち、自社のWebサイトでミッションを公開しているのはグーグルとフェイスブックの2社です。アマゾンとアップルはミッションを公開していません。第2章で取り上げた企業でいえばウーバーテクノロジーズもそうです。

3社がミッションについて触れている部分を以下に引用します。3社は日本語でもミッションを公開しています。

「Googleの使命は、世界中の情報を整理し、世界中の人がアクセスできて使える

DX先進企業が掲げるミッション

「世界中の情報を整理し、
世界中の人がアクセスできて使えるようにすること」
グーグル

「コミュニティづくりを応援し、
人と人がより身近になる世界を実現します」
フェイスブック

「世界を動かし、新たな機会を作り出すこと」
ウーバーテクノロジーズ

ようにすることです。」（グーグル）

「コミュニティづくりを応援し、人と人がより身近になる世界を実現します。」（フェイスブック）

「世界を動かし、新たな機会を作り出すことがUberの目標です。」（ウーバーテクノロジーズ）

グーグルもフェイスブックもウーバーも、ミッションに自社のビジネスに関する内容は一言もありません。情報の整理とアクセスか、コミュニティづくりで人と人とをより身近にするのか、世界を動かして機会を作り出すかという方向の違いはありますが、社会をよりよくするのが使命だという点では一致しています。

といって単によりよい世界を目指すといった抽象的なものでもありません。3社とも「らしさ」を感じさせます。

ミッションは道しるべになります。もしDXで何をすればいいのかわからない、あるいは思ったような成果が上がらない状況にあるなら、改めて自社のミッションを確認してみてはどうでしょうか。

もし明確なものがなければ新たに作る、場合によっては再定義するいい機会になります。回り道に思えても、ミッションをきっちり定めることが最も早くDXを進める第一歩になるのです。

サイバーセキュリティーで守りを固める

第6章まで、DXで変革に挑む姿勢の重要性を説いてきました。ですが、むやみにデジタル化を進めればいいというものではありません。

デジタルの世界は、インターネットで世界中とつながっています。回線の通信速度も速くなる一方です。物理的な距離はないも同然です。

データには質量がありません。現在の技術をもってすれば、膨大な量の貴重な情報がいとも簡単に奪われてしまうのです。

手の平に収まるUSBメモリーにも2テラバイトの情報が記録できる時代です。写真なら数十万枚、通常の文書ファイルなら1000万ページを超える量です。

リスクは高まっています。重要なデータが漏洩したり、奪われたりするようなことがあれば、DXを進めるどころではなくなってしまうでしょう。サイバーセキュリティーで守りを固めなくてはなりません。

10年以上前なら、サイバー攻撃や不正アクセスは腕試しがしたい、あるいは話題になればいいという愉快犯によるものだったかもしれませんが、現在はビジネスに変容しています。ビジネスですから、結果を出すために全力を尽くします。もともと違法な行為ですから手段を選びません。

「標的型」と呼ばれますが、最近は特定の企業に狙いを絞った攻撃が増えています。大量のメールを配信して、どこかの誰かがひっかかるのを待っているのとは違います。狙われたら逃れるのはほぼ不可能です。

国家によるサイバーテロの可能性もあります。日本でも、防衛にかかわる企業の情報が漏えいしたと報道されたことが何度もありました。

その一方で、セキュリティーに対する企業の意識はそれほど高くなっていません。直接のビジネス拡大につながらないからでしょうか。被害にあった時のことを考えれば、これでいいはずがないのです。

リスクは拡大しています。以前はＩＴシステムだけを気にしていればよかったのですが、最近ではＩｏＴも攻撃の対象になっているからです。

ＩｏＴのデバイスは、ＩＴシステムで使われる機器よりもセキュリティーが弱いことが少なくありません。大量の端末に同じセキュリティーの欠陥があれば、簡単に被害は広がります。

現実にさまざまな被害が生じています。２０１５年、２０１６年にはウクライナで二度にわたって変電所のブレーカーがコンピューターウイルスによって切断され、数万世帯で停電が起こりました。

基幹系などの従来から利用しているＩＴシステムの刷新を「守りのＤＸ」と呼ぶこと

サイバーセキュリティーを高める施策

- 情報の収集
- 適切なセキュリティー関連技術の導入
- 全社で必要な体制を組む
- 経営者や社員への啓もう

がありますが、セキュリティーこそこの言葉にふさわしいのではないでしょうか。

セキュリティーに終わりはありません。ある時点で完ぺきに思えても、新たな技術、新たな手法による攻撃が生まれてくるからです。

強度を高める施策を着実に実施し続ける以外の答えはありません。情報を収集する、適切なセキュリティー関連技術を導入する、全社で必要な体制を組む、経営者や社員を啓もうするなどです。できることはいくらでもあります。

歩みを止めない

もう一点、指摘したいことがあります。当たり前ですが、歩みを止めないことです。DXは新たな挑戦であり、これまでの常識の変革です。取り組みが全て成功するわけではありません。

業務の進め方が変わるのですから、社内からの抵抗もあります。むしろ失敗するのが当然で、第4章で触れたように、「フェイルファースト」で小さな失敗をどれだけ繰り返せるかが成功へのヒントになります。

失敗したからといって、止まってしまうとそこで終わりです。最初はデジタイゼーションの範囲でも構わないのです。歩み続けていれば必ず機会が訪れます。1カ月や1年では違いはないように思えるかもしれませんが、3年、5年、10年後まで歩み続ければ信じられないほど大きな差が生まれます。

今から10年前の2011年、みなさんは何をしていらっしゃったでしょうか。3月に東日本大震災が発生し、日本中を暗い雰囲気が覆っていた年です。

ユニコーンの世界上位10社

社名	企業価値の評価額	設立年	国	主な事業
バイトダンス	1400億ドル	2012年	中国	動画投稿アプリの提供
ストライプ	950億ドル	2010年	米国	オンライン決済サービス
スペースX	740億ドル	2002年	米国	宇宙ロケット開発
滴滴出行	620億ドル	2012年	中国	ライドシェア
インスタカート	390億ドル	2012年	米国	食品宅配サービス
UiPath	350億ドル	2005年	米国	RPA(ロボティック・プロセス・オートメーション)
クラーナ	310億ドル	2005年	スウェーデン	オンライン決済サービス
データブリックス	280億ドル	2013年	米国	データ分析基盤の提供
リヴィアン	276億ドル	2009年	米国	電気自動車製造
ヌーバンク	250億ドル	2013年	ブラジル	ネオバンク

米CBインサイツのデータを基に作成

実はこの時に10年後の今、世界を変えている企業が誕生していました。ビデオ会議サービスのZoomを提供する米ズーム・ビデオ・コミュニケーションズです。同社のビデオ会議がなければテレワークの姿は今とは全く違うものになっていたでしょう。

新型コロナウイルス感染症対策のためという神風が吹いたこともあり、同社の2021年1月期の売上高は前年比4・3倍の26億5137万ドル(約2930億円)、営業利益はなんと前年比約52倍の6億5985万ドル（約726億円）です。

実際には世界を変えるのに10年も必要ないのかもしれません。若者を中心に流行して全世界の累計で20億ダウンロードを超えたという動画投稿アプリ「TikTok」を開発した中国のバイトダンスの創業は2012年です。

スタートアップ企業やベンチャーキャピタルに関する情報提供サービスを手がける米国のCBインサイツは、企業価値の評価額が10億ドル（約1100億円）以上の株式未上場企業の一覧を公開していますが、バイトダンスは1位です。評価額は1400億ドル（約1兆4400億円）と見積もられています。

未上場で企業価値の評価額が10億ドル以上の企業は「ユニコーン」と呼ばれます。CBインサイツの2021年3月末時点のユニコーンの一覧から上位10社を一覧にしましたが、半分の5社が設立10年以内の企業です。

まだ誰の目にもとまっていないかもしれませんが、今日もどこかで10年後のズームやバイトダンスが歩みを続けています。

最後に米マイクロソフトの共同創業者で元CEOのビル・ゲイツ氏の言葉を紹介します。

「我々は常に、今後2年で起こる変化を過大評価し、今後10年で起こる変化を過小評価していま す。無為に過ごしてはなりません」

第6章のまとめ

- 正しいミッション（使命）を定めることがDXにつながる
- ミッションは自社の利害にこだわるべきでないが、単に抽象的でもいけない
- サイバーセキュリティーのリスクが高まっている
- ITシステムに加えIoTのセキュリティーが重要になった
- 失敗を恐れずに日々の歩みを止めない。10年もたてば大きな差が付く
- 設立から10年でDXによって世界を変えている企業が存在する

終わりに

最後まで本書をお読みいただきありがとうございました。なんとなく大事そうな感じはするが、よく分からなかったＤＸがどういったものなのか、ご理解いただけたのではないでしょうか。

ここにきて「ＤＸ」を目にしたり、「ディーエックス」を耳にしたりする機会がさらに増えている印象がありますが、関心はさらに高まりそうです。理由は社会の状況にあります。

２０２１年９月には政府の肝いりでデジタル庁が誕生します。デジタル庁の目的は政府のＤＸ推進にほかなりません。

昨年は８月でしたが、今年は５月に「デジタルトランスフォーメーション銘柄（ＤＸ銘柄）」が発表されます。第１章でも触れましたが、夏には「ＤＸ（デジタルトランスフォーメーション）投資促進税制」の申請受け付けも始まる見通しです。

より重要なのは、この１年の間にテレワークの実施によって、多くの企業で業務が急速にデジタル化したことです。土台の整備が進みましたから、本格的なDXに取り組む企業は確実に増えるでしょう。

いつかDXという言葉への関心は下がるかもしれませんが、本質的な重要性が変わりません。経済が、世界が動き続ける限り、DXのX、つまり変革は企業が生き残り、成長していくための必要条件だからです。そして、変革のために進化し続けるDXのD、デジタルを活用するのは当然のことです。

少し本書の成り立ちについて説明します。本書は日経BPの技術系デジタルメディアである「日経クロステック」、技術系専門誌の「日経コンピュータ」「日経NETWORK」が長年にわたってまとめてきた記事をベースにして、今すぐDXを知りたいと考える方向けに大幅に加筆・再編集したものです。第5章、第6章はほぼ書き下ろしになります。

DXは大きな世の中の動きを切り取ったものです。必ずお役に立つかと思いますので、最新動向に興味がおありの方は、日経クロステックにアクセスして、どんなメディアなのかご確認いただければ幸いです。

第1章でDXを「デジタルを使って自らを変革し、圧倒的な競争力を身に付けること」と定義しました。本書が日本のDXの加速に少しでも貢献することを祈りつつ、結びに変えます。

2021年4月吉日
編集責任者 中村 建助

参考文献・参考資料

第1章

「キーワード デジタルトランスフォーメーション」(日経コンピュータ、2017年5月25日号)
「特集 FinTech 金融を変えるのは銀行ではない」(日経コンピュータ、2015年8月6日号)
「りそなが目指す『脱・銀行』」(日経コンピュータ、2020年12月24日号)
「インタビュー りそなホールディングス社長 南昌宏氏」(日経コンピュータ、2020年12月24号)
「キーワード ブロックチェーン」(日経コンピュータ、2016年8月18日号)
「キーワード デジタルツイン」(日経コンピュータ、2016年2月4日号)
「これが日本のDX」(日経コンピュータ、2020年9月17日号)
「キーワード 仮想現実」(日経コンピュータ、2015年5月14日号)
「キーワード AR」(日経コンピュータ、2009年12月9日号)
「キーワード D2C」(日経コンピュータ、2019年5月2日号)
「デジタル直販『D2C』最新EC誰でも手軽に」(日経コンピュータ、2020年11月26日号)
「キーワード 無人店舗」(日経コンピュータ、2018年11月22日号)
「キーワード 2025年の崖」(日経コンピュータ、2019年7月25日号)
「キーワード DX認定制度」(日経コンピュータ、2021年2月4日号)

第2章

「キーワード シェアリングエコノミー」(日経コンピュータ、2019年11月28日号)
「ヤフーとLINEが経営統合へ　米中の巨大ITと伍せるか」(日経コンピュータ、2019年11月28日号)
「アジアのデカコーンにデジタル変革を学べ」(日経コンピュータ、2019年7月25号)
「知られざるグラブ」(日経コンピュータ、2019年6月13日号)
「メルカリ、世界に挑む」(日経コンピュータ、2017年1月19日号)

第3章

「キーワード 人工知能」(日経コンピュータ、2016年12月8号)
「特集 人工知能 100」(日経コンピュータ、2017年1月5日号)
「キーワード 機械学習」(日経コンピュータ、2013年12月12日号)
「キーワード ディープラーニング」(日経コンピュータ、2014年7月24日号)
「特集 クラウドAIが変える世界」(日経コンピュータ、2015年8月20日号)
「キーワード ビッグデータ」(2011年11月24日号)
「インタビュー マイケル・A・オズボーン氏 英オックスフォード大学准教授」(日経コンピュータ、2016年3月3日号)
「特集 シンギュラリティ前夜 AIと共に歩む人類」(日経コンピュータ、2015年11月26日号)
「キーワード 説明可能なAI」(日経コンピュータ、2019年1月24日号)
「キーワード AI倫理」(日経コンピュータ、2021年3月18日号)
「キーワード IoT (日経コンピュータ、2014年5月29日号)

「キーワード スマートファクトリー」(日経コンピュータ、2017年7月6日号)
「キーワード ドローン」(日経コンピュータ、2015年6月25日号)
「キーワード スマートウオッチ」(日経コンピュータ、2014年10月30日号)
「キーワード 自動運転車」(日経コンピュータ、2016年5月26日号)
「キーワード エッジコンピューティング」(日経コンピュータ、2017年3月16日号)
「3分でわかる必修ワードIT 3分でわかるエッジコンピューティング」(日経クロステック、2019年11月27日)
「キーワード LPWA」(日経コンピュータ、2017年6月22日号)
「キーワード 第5世代移動通信システム」(日経コンピュータ、2018年10月25日号)
「特集 ローカル5Gの正体」(日経NETWORK、2020年2月号)
「キーワード クラウド」(日経コンピュータ、2010年2月17日号)
「キーワード IaaS」(日経コンピュータ、2010年10月27日号)
「3分でわかる必修ワードIT 3分でわかるIaaS」(日経クロステック、2018年10月31日)
「キーワード PaaS」(日経コンピュータ、2011年2月17日号)
「キーワードを知る PaaS」(日経コンピュータ、2008年12月15日号)
「3分でわかる必修ワードIT 3分でわかるPaaS」(日経クロステック、2018年11月14日)
「キーワード SaaS」(日経コンピュータ、2008年7月15日号)
「クローズアップ コミュニティークラウドが始動　情報共有・協業の基盤を狙う」(日経コンピュータ、2011年10月27日号)
「3分でわかる必修ワードIT 3分でわかる クラウドネイティブ」(日経クロステック、2019年1月23日)
「3分でわかる必修ワードIT 3分でわかる コンテナ」(日経クロステック、2018年10月1日)
「3分でわかる必修ワードIT 3分でわかる マイクロサービス」(日経クロステック、2018年10月1日)

第4章

「キーワード CDO」(日経コンピュータ、2013年12月26日号)
「3分でわかる必修ワードIT 3分でわかるデザイン思考」(日経クロステック、2018年10月10日)
「キーワード デザイン思考」(日経コンピュータ、2012年11月8日号)
「3分でわかる必修ワードIT 3分でわかるアジャイル開発」(日経クロステック、2018年10月17日)
「キーワード アジャイルソフトウエア開発(日経コンピュータ、2014年9月4日号)」
「キーワード リーンスタートアップ」(日経コンピュータ、2012年3月1日号)
「3分でわかる必修ワードIT 3分でわかるPoC」(日経クロステック、2019年9月18日)

第5章

—

第6章

—

個別の章ではなく全体に関連するもの

ジェラルド・C・ケイン、アン・グエン・フィリップス、ジョナサン・R・コパルスキー 、ガース・R・アンドラス、三谷慶一郎：監訳、船木春重：監訳、渡辺郁弥：監訳、田中公康：その他、庭田よう子 ：訳（2020）「DX（デジタルトランスフォーメーション）経営戦略 成熟したデジタル組織をめざして」NTT出版

デビッド・ロジャース、笠原英一：訳（2021）「DX戦略立案書 CC-DIVフレームワークでつかむデジタル経営変革の考え方」白桃書房

マイケル・ウェイド、ジェイムズ・マコーレー、アンディ・ノロニャ、ジョエル・バービア、根来龍之：監訳、武藤陽生：訳、デジタルビジネス・イノベーションセンター ：訳（2019）「DX実行戦略 デジタルで稼ぐ組織をつくる」日本経済新聞出版

安部慶喜、柳剛洋（2020）「DXの真髄 日本企業が変革すべき21の習慣病」日経BP

内山悟志（2020）「未来IT図解 これからのDX デジタルトランスフォーメーション」エムディエヌコーポレーション

内山悟志（2020）「テクノロジーをもたない会社の攻めのDX」クロスメディア・パブリッシング（インプレス）

江端浩人（2020）「マーケティング視点のDX」日経BP

各務茂雄（2020）「世界一わかりやすいDX入門 GAFAな働き方を普通の日本の会社でやってみた。」東洋経済新報社

勝村幸博（2021）「すぐそこにあるサイバーセキュリティーの罠」日経BP

兼安暁（2019）「イラスト＆図解でわかるDX（デジタルトランスフォーメーション）」彩流社

兼安暁（2020）「成功するDX 失敗するDX 形だけのデジタル・トランスフォーメーションで滅びる会社、超進化する会社」彩流社

株式会社日本総合研究所先端技術ラボ、Ridgelinez株式会社 Financial Services（2021）「金融デジタライゼーションのすべて―DXに臨む金融業界のテクノロジーと実践」きんざい

亀田重幸、進藤圭（2020）「いちばんやさしいDXの教本 人気講師が教えるビジネスを変革する攻めのIT戦略」インプレス

木村駿、日経アーキテクチュア：編集（2020）「建設DX デジタルがもたらす建設産業のニューノーマル」日経BP

桜井駿（2021）「100兆円の巨大市場、激変 プロップテックの衝撃」日経BP

須藤憲司（2020）「90日で成果をだすDX入門」日本経済新聞出版

戸川尚樹、渡辺享靖（2019）「DXサーベイ 900社の実態と課題分析」日経BP

戸川尚樹、渡辺享靖（2020）「DXサーベイ2 Withコロナ時代の実態と課題分析」日経BP

西田 宗千佳（2019）「デジタルトランスフォーメーションで何が起きるのか『スマホネイティブ】以後のテック戦略」講談社

野口浩之、長谷川智紀（2020）「勝ち残る中堅・中小企業になるDXの教科書」日本実業出版社

藤井保文、尾原和啓（2019）「アフターデジタル オフラインのない時代に生き残る」日経BP

藤井保文（2020）「アフターデジタル2 UXと自由」日経BP

山本修一郎（2020）「DXの基礎知識　具体的なデジタル変革事例と方法論」近代科学社Digital

日経クロステック編集

日経クロステック（xTECH）は、IT、自動車、機械・電子、建築・土木など、さまざまな産業分野の技術者とビジネスリーダーに向けた技術系デジタルメディアです。「クロス」という言葉は、既存の技術／ビジネス／業界にとどまらない、新しい領域の動きをカバーするという想いを込めたものです。AI（人工知能）やIoT（インターネット・オブ・シングス）、自動運転、デジタルものづくり、建築物やクルマを変える新素材といった技術の最新動向と、法改正や新規参入者、新たなビジネスモデルなどによって引き起こされるビジネス変革の最前線をお伝えしています。

中村 建助（なかむら けんすけ）

日経BP技術メディアユニット 編集委員

1990年日経BP入社。日経ビジネス副編集長、日経ソリューションビジネス、日経エコロジー、ITpo、日経コンピュータ各誌の編集長などを経て、日経BP技術メディアユニット編集委員。DX、IT全般の動向に詳しい。

今すぐ知りたい

DXの基礎

2021年4月26日　第1版第1刷発行

著　者　日経クロステック編集、中村 建助
発行者　吉田 琢也
発　行　日経BP
発　売　日経BPマーケティング
〒105-8308
東京都港区虎ノ門4-3-12
装丁・制作　松川 直也（日経BPコンサルティング）
編　集　中村 建助
印刷・製本　図書印刷

ISBN978-4-296-10882-4　Printed in Japan